시절인연

모든 인연에는 시기와 때가 있다

시현 지음

또 하나의 책-
시절인연 타로시집:
별처럼 빛날 너에게

시절인연의 에세이

시절인연
모든 인연에는 시기와 때가 있다

서평1.

향기로운 그녀의 인생 이야기

　시절인연님의 에세이 출간을 진심으로 축하드립니다. 이제 등단한 지 얼마 안 된 신인소설가인 제가 감히 서평씩이나… 영광이네요. 원고를 받아 본 후 일단 첫 느낌이 시원하다? 라는 느낌이었습니다. 바다나 강물 일러스트가 특별히 있는 건 아니었는데도 말이죠. 전체적으로 시원하고 상쾌한 민트향이 나는 것만 같습니다.

　꽤나 신기하면서도 절로 입꼬리에 미소가 지어지게 만드는 기분이 좋아지는 원고였습니다. 시절인연님의 교사 시절, 상담사 시절들과 어린 시절 등 자신이 실제로 겪었던 사건들과 현재에 일어나고 있는 소소한 일상들을 마치 바로 옆 에서 조곤조곤 들려주는듯한 편안한 문체에 부담 없이 술술 읽히는 책이었습니다. 특히 돌아가신 아버님과 따님 사진과 함께 이야기 써주신 [멀리 돌아온 길] 편은 저도 아버님이 일찍 돌아가셔서 그런지 왠지 모를 동질감에 읽으면서 괜스레 한쪽 가슴이 찌릿해질 정도였답니다.

　시절인연님의 글에는 매우 신기한 힘이 있습니다. 판타지 소설 같은 흥미진진함도, 미스터리 소설 같은 궁금증도, 로맨스 소설 같은 두근거림도 없지만 그녀의 소설엔 '편안함'이 있습니다. 읽는 이로 하여금 마치 푸른 풀밭에 누워있는 듯한 '안락함'이 있습니다. 그리고 무엇보다 어린 들꽃의 순수한 향기가 묻어나는 글입니다. 아마도 시절인연님이란 사람 자체가 그런 분이기에…. 그녀의 글에서도 그 모든 것이 나타난 것이겠지요.
앞다투어 자극적이기만 한 웹툰, 웹소설들에 지친 그대여! 오늘 하루는 잠시만, 아주 잠시만 휴식 같은 책을 만나보시는 건 어떨까요?
향기로운 한 잔의 허브티 같은 책을 찾는 당신께!
시절인연님의 에세이를 강추! 드립니다!^^

2023.02.18

<기억을 파는 가게>/<이태원 달빛 소녀> 작가.

소설가 유온유

서평2.

우리는 자아 혼돈시대에 살고있다 우리들에게 돌고래는 행복과 불행이 무엇을 의미하는지 어렵지 않게 말하고 있다. 살면서 오는 실패와 성공, 헤어짐과 만남이 내 역사에 꼭 있어야하는 교육과정이다. 이런 과정으로 나 됨이 되는 것이다.

저자는 총체적인 나 됨의 감정 과학을 교육학 배경과 상담을 통한 노하우로 쉽게 풀어가며 해답 아닌 해답을 주고있다. 마음이 지친 현대인들이 진정 자기 맘이 말하는 것을 듣길 원한다면 한번 쯤 돌고래를 읽고 이 책에서 길을 찾아가도록 배우면 된다.

원래 답은 심플한데 있다

국민대학교 교육대학원 교수
허영림

프롤로그

흔히 사람의 생을 여행이나 항해, 시계바늘 등에 비유합니다. 즉 우리 모두는 시간이란 거대한 흐름 속에 각자의 운명을 따라 어디론가 이동해 가는 어떠한 존재라는 의미일 것입니다. 그렇게 시간 속을 떠다다 보면 어떤 인연들은 만나고, 또 어떤 인연들은 부딪히며, 어떤 인연들은 사라져갈 것입니다. 이렇게 시간의 강을 따라 흘러가는 우리는 이 강의 끝을 알 수 없기에. 매일 매일 최선을 다해 살아갑니다.

시절 인연
만나야 할 인연은 시기와 때가 이르면 자연스레 만나지게 되고 그 헤어짐 또한 시기와 때가 있는 것이니 조금 덜 아프고 조금 덜 멍들기를 바랍니다.
시절인연은 매 순간 일어났던 인연에 대한 기록이며 앞으로 겪어나가야 할 시절에 대한 기록이기도 합니다. 앞으로도 많은 분들과 행복을 찾아가는 여정을 함께하고 싶습니다.

시절인연

시절인연 목차

서평		4
프롤로그		7
1	시절인연	11
2	돌고래를 위하여	12
3	많이 고마웠어요	14
4	괜찮다 괜찮아 나를 사랑해주기	16
5	나를 사랑해주기2	18
6	아닌 인연	20
7	세상에서 가장 이상한	23
8	살다 보니 좋은 사람 만날까요?	24
9	고통이 마음을 괴롭힐 때	27
10	일체유심조 내 마음	28
11	욕심쟁이로	30
12	경양식 집을 아시나요?	32
13	말 한마디	36
14	비 오는 하루	38
15	가끔씩	40
16	인연의 끈 스승의 날 기억 한 조각	42
17	멀리 돌아온 길	46

18	그리운 마음	48
19	내가 진짜 원하는 것은	51
20	어떤 선택이든 그 당시에는 모른다	54
21	그냥 그렇게	56
22	복날을 보내면서	57
23	어떤 하루	58
24	내가 혼자라 생각될 때	61
25	쓰다만 이야기 다시 계속될 이야기들	62
26	일요일 오후 사랑에 대한	64
27	그날 세탁기 속	70
28	추억 한조각	72
29	향기가 나는 사람이고 싶다	74
30	눈물 나도록 살아라	76
31	나의 여름	80
32	배추김치	82
33	그리움	84
34	봄날	86
35	나이를 먹어 간다는 것	88
36	단 몇 시간이라도	89
에필로그		92
또 다른 책	별처럼 빛날 너에게 (시절인연의 타로시집)	95

시절인연

모든 것은, 모든 것에는 때가 있고
순리대로 흐르니 모든 인연에는 시기가 있다.

내가 잡고 있겠다고 애를 써도 결국에는 내려 놓아지는 인연이 있고 내가 만나지 않겠다고 애를 쓴다 한들 시절의 때가 이르면 결국에는 만나게 되니 내 품에서 영원한 것이 있을까?

지나온 시간을 후회도 하지 말고 내 손에 잡히지 않는다고 울지도 말고 그러나 안다 한들 가슴에 피멍이 들고 아픔이야 없을까?

다 놓고 돌아설 인연이라도 너무 애달파 하지 말고 아파하지 말고 조금 덜 아프고 조금 덜 멍들었으면 좋겠다. 모든 것은 다 때가 있으니 모든 것은 다 순리대로 흘려간다.

돌고래를 위하여

돌고래가 있었다.

철부지 돌고래는 세상이 잔잔한 물결인 줄 만 알고 물길을 자만했다

어느 날 큰 폭풍우가 치던 날 돌고래는 큰 상처로 세상을 나 갈 힘을 잃어버렸다. 웅크리고 울고 있는 어느 날 헤엄침을 포기하고 있던 그날 파도는 다시 얘기해 주었다 구슬픈 노래로 다친 상처를 달래주었다.

괜찮아 괜찮아. 두려워하지 않아도 된단다. 그때 그 파도는 너를 강하게 할 거란다. 바라봐 이렇게 또 아름답잖니. 이렇게 또 평온해졌잖니. 지나가는 과정이었는데 많이 놀랐구나 많이 다쳤구나.

돌고래를 위하여.

세상일이란 어처구니가 없어서 아이러니였구나. 가장 사랑했던 사람이 가장 아픈 칼 날이 되어서 비수로 박히고 가장 힘을 주던 사람이 별처럼 또 아스라이 사라져 가고 어제는 가슴 뛰었던 꿈틀대던 그 파도가 기억들이 잊고 싶은 한 조각의 기억들로 네게 박혀버렸구나. 너의 가슴을 파고들었구나.

아이러니.

나는 그대로인데 거기 그 자리인데 어떤 게 변한 걸까? 변해진 것일까? 내가 강해지면 되는 걸까? 다시 반짝이는 햇살 들이 너를 빛나게 해 줄 거야 너의 상처를 어루만져 주고 있잖니 빛 가운데로 나오렴. 충분히 강해지지 않아도 된단다. 너는 너여야 하니까. 파도를 어찌 피해 갈 수가 있겠니 그러나 그 파도가 스스로 널 강하게 만들어 줄 거란다.

넌 그냥 반짝이면 된단다. 그대로 반짝이면 된단다. 파도를 어찌 피해 갈 수가 있겠니.

괜찮아. 괜찮단다.

많이 고마웠어요

눈이 내린다.
내 마음에도 눈이 내린다.
우산들이 참 고맙게 느껴지는 하루.
색 색깔의 우산들은 그렇게 사람들의 손에 쥐여지었다.

나도 그런 존재였길 바라.
눈이 오는 거리에 서면 한 번쯤 생각날 그런 사람이었으면 좋겠다.

그래. 나도 그랬으니까
눈보라의 혹독한. 시련 속에서 시리고 아플 때 그렇게 우산 건네준 인연이었으니 많이 고마웠어 함께 우산을 쓴 우리는 얼어버릴 것 같은 눈에도 따스했었으니까.

그래. 오늘같이 우산이 필요한 날에는 한 번쯤 기억해 줄 수 있는 인연이었다면 참 고마운 일이다.

많은 우연의 조각들이 그렇게 같은 우산을 쓰게 했으니 많이 고마웠어

어느 날 눈 오는 거리를 걷다가 문득 내가 떠오른다면 그렇게 기억될 수 있는 사람이라서 나는 행복할 테니까

참 고마웠어요.

괜찮다 괜찮아 나를 사랑해 주기

가끔씩 인간이 참 어리석다고 느끼는 게 내 모습을 보면서 인지도 모르겠다. 가지 말아야 할 길인지 알면서도 한걸음 두 걸음 어린아이 같은 내 모습들을 보면서.

하루는 참 어이없어서 웃다가 하루는 참 서글퍼서 엉엉 울었다.
그래 어디 뜻대로 되던 게 인생이던가 실컷 웃고 실컷 울어봐라.

그러다 또 깨달음이 있음 돌아오면 된다. 나이 사십이라고 못 돌아오고 나이 오십이라고 못 돌아오겠는가. 인생의 쓴맛을 오롯이 다 보았다면 창자가 끈기는 듯이 아픔이 느껴져 보았다면 다시 남은 나를 추스르고 돌아오면 된다.

나는 나밖에 사랑할 수 없는 거다. 그래서 그 가여운 나를 안아주고 달래고 다시 돌아오면 된다.

너무 힘들지 않았으면 좋겠다 너무 멀리 가지 않았으면 좋겠다. 그리고 어리석었던 너를 뒤로하고 다시 돌아와 주어서 감사하다고 그렇게 다독이고 안아주면 좋겠다.

괜찮아, 괜찮다. 그럴 수 있어.

나를 사랑해주기 (2)

운이 좋으니 세상만사 모든 것이 잘 될까?
음양의 이치라는 것이 참 애석하게도 부와 명예를 가지면 건강이나 인간관계에서 눈물을 흘리기도 하고, 아무리 나빠서 갈 곳 없는 운이 되었다 하더라도 다시 올라가는 발판이 되기도 하니 남보기에 돈 명예가 있는 대기업 총수 라 해도 남몰래 눈물짓는 일들이 많은 번뇌가 있는 것이라 너무 부러워할 것도 아니란 것이다.

운이 좋을 때는 기회를 살려서 사업이든 무엇이든 해보는 것이 좋고, 운이 좋지 않을 때는 공부를 하고 있는 자리를 지킴 서 축소를 할 필요가 있다는 것이다.
운이 좋지 않을 때는 정치에 출마한다면 돈 잃고 명예 잃고 사람 관계까지 구설을 면치 못하게 되는 것이니 운이 좋을 때는 조금만 움직여도 노력 이상의 대가가 오는 것이니 운이 나쁠 때에 자포자기하여 울고만 있지 말고 그 운에 맞게 준비를 하며 기다리는 시기를 보내는 것이 현명할 것이다 예술가들은 그 고독한 시기에 세상에 남을 명작을 그리고 만들기도 하며 사후 이후에 이름과 업적이 많은 삶들을 볼 때 철학이나 예술 쪽의 길이라면 아픔과 고독이 오히려 작품 쪽 영감에는 도움이 된다고도 보인다.

성직자라면 돈과 명예를 쫓는다면 이미 성직자가 아닌 것이오. 진심으로 사람들에게 행복한 마음을 나눠주기에 힘써야 할 것이며 사랑이 제일 중요한 삶에는 사랑만이 살길이며 돈과 명예는 부수적인 것이 될 것이다.

돈과 명예가 우리 삶에서 주는 이로움이야 말할 게 없겠지만 마음이 지옥이라면 그것 역시 내어주고 싶은 것이 될 테니 내 마음의 작은 행복이야말로 그 모든 것을 더욱 값지게 할 것이다.

상담을 배우면서 했던 방법 중 하나는 하루에 감사했던 일 적기라는 것이 있었다.
하루에 하나씩 나를 사랑해 주는 일 해보기.
하루에 두 개씩 감사한 일을 적어보자.
처음에는 물론 감사한 일이 떠오르는 게 만무하다.
특히 내 마음이 온통 가시밭일 때는 작은 시도를 해보자.
나는 내가 사랑해 주어야 한다.

아닌 인연

나이가 들어가면서 인생에는 순리가 있다는 걸 깨닫게 되고 해도해도 안 되고 힘든 건 인연이 아니었다고 내려놓게 된다.

아닌 인연은 혹시 운이 좋아 가게 되더라도 언젠가는 마음에 상처를 주고 정리가 되고 안 맞는 인연은 말도 안 되는 싸움으로 자꾸 번져 에너지를 고갈되게 만들고 힘듦을 주게 된다.

또 하나는 그릇의 차이 인지도 모르겠다. 사람마다 그릇의 크기가 달라서 담기는 것이 다 다를 터인데 딱 그만큼만큼 생각하고 행동하는 걸 왜 그것밖에 생각 못 하고 왜 그것밖에 행동 못하냐고 또 싸움이 되고 에너지를 쓰고 참 불편한 일이다.

아닌 인연은 그동안 유효기간이 길었든 처음 만나서 얼마 안 되었든 내려놓을 줄 아는 거라고 욕심부리지 말라고 그렇게 얘기해 주었다.

아닌 인연에 욕심 이라니

그 정신에 그 육체에 괴로움이 없긴 않았을 텐데…

세상에서 가장 이상한

누구나 사랑을 시작할 땐 한걸음 나갔다 한걸음 다시 돌아오고 망설이다, 조바심 내다 몇 번이 만남이 되고 그게 인연이 되어서 새로운 꿈을 꾸게 되고 몰입을 한다.

유효기간은 얼마일까?

누군가는 자주 보면 빨리 없어진다고 천천히 가라 하고 누군가는 나이 칠십에도 두 손을 잡고 환한 웃음을 준다 누군가에게 가능한 것이 그 누군가에게 어려운 것인 것일까?

인연이 아니었을까?

그러나 인연 이어도 헤어지고 인연이 아닌데도 회로 하는 사람들은 또 무엇이란 말인가?

그렇게 망설이고 조바심 내던 내 꽃 같던 사랑이 어느 날 세상에서 가장 이상한 사람이 되어있다.

이게 그때 그 사람이 맞는 건가 내가 너무 나이가 든 걸까?

인연이 이제 끝날 때가 되어서 그런 걸까?

살다 보니 좋은 사람 만날까요?

순리에 따라 계절이 바뀌니 비도 오고 천둥도 치더니 눈도 소복이 쌓였다가 햇빛도 비치고, 낮과 밤이 바뀌니 하루를 정리하고 눈을 감았다 다시 일어나 또 하루를 시작하고, 인연도 바뀌니 내가 싫다고 아니라고 해도 만날 사람은 또 만나지고 헤어질 사람은 또 헤어지게 되고 세상은 인연 따라오고 가더이다. 요사이 어떤 생각을 가장 많이 하고 계시나요?

나, 재물, 인성, 인연

살다 보니 비도 맞고, 천둥도 맞고, 눈도 맞고, 햇빛도 쬐다 보니 모든 것에는 때가 있었단 걸 살면서 알게 되었습니다.

그래서 그때는 왜 그랬을까? 왜 그럴 수밖에 없었지? 나 자신을 책망하고 집착하고 했던 것들을 내려놓게 되었습니다.

인생이란 게 내 뜻대로 되지 않음을 만남이란 것도 인연도 재물도 자식도 다 때가 있거늘 어찌 그리 안달하면서 지지고 볶고 나 자신을 괴롭혔는지 .

좋은 사람 만날 수 있을까요? 많은 분들이 묻습니다.

그러나 내가 여물지 못하고 성숙되지 못할 때의 만남은 내가 부족한 만큼 그 만큼의 상처와 후회를 남기게 되니 좋은 시절 인연을 기다린다면 그것에 집착할 생각을 말고 내가 여물고 성숙돼야 할 것입니다.

내가 먼저 좋은 사람이 되기 위해 노력할 때 그 인연이 감사하고 소중할 때 좋은 시절 인연이 다가왔을 때 더 좋은 인연으로 남을 수도 있을 것입니다.

저 또한 부족하지만 좋은 인연이 되기 위해 노력할 것입니다.

시간이 참 빨리 갑니다.
이렇듯 계절의 순환을 느끼며 감사한 마음을 가질 수 있단 건 살다 보니 인생에서 느끼는 지혜인지도 모르겠습니다.
내 마음이 불구덩이 지옥일 때는 아무것도 느껴지지 않고 보이지도 않았으니 작은 느낌들이 참 감사할 때가 많습니다.

주변을 돌아보시는 하루 되셨으면 좋겠습니다.

고통이 마음을 괴롭힐 때

하늘이 장차 그 사람에게 큰 일을 맡기려고 하면 반드시 먼저 그 마음과 뜻을 괴롭게 하고, 근육과 뼈를 깍는 고통을 주고 몸을 굶주리게 하고, 그 생활은 빈곤에 빠뜨리고 하는 일마다 어지럽게 한다. 그 이유는 마음을 흔들어 참을성을 기르게 하기 위함이며 지금까지 할 수 없었던 일을 할 수 있게 하기 위함이다.

맹자 [고사장]

주나라 문왕은 감옥에 있을 때 <주역>을 만들었고 굴원은 초나라에서 추방되었을때 <미소경>을 만들었다. 좌구명은 장님이 되고서 <국어>를 만들었고, 손자는 다리를 끊기고서 <병법>을 만들었다

일체유심조 내 마음

법륜 스님 말씀이 생각나는 하루이다.

달을 보고 내가 기분이 안 좋았다면 그건 달이 그렇게 만든 것인가? 내가 그렇게 만든 것인가? 그럼 기분이 좋았다면 그건 달이 그렇게 만든 것인가? 내가 그렇게 만든것인가?

모든것은 오직 마음에서 지어내는 것. 내 마음을 지지고 볶고 다치게 하는 것 그것 또한 나에게서 나오는 것이니 오늘은 나를 돌아보자

조금 모자란들, 부족한들 어떠리.
어차피 완벽한 사람은 이 세상에 없을 테니까.

나이를 먹어간다고 완벽해 지는 건가? 오늘은 내 마음의 내 소리에 귀 기울여보자. 지금 마음이 괴롭고 어두운 터널이라면 더 더욱 나를 원망하지말고 혼내지말고 나를 돌아보자.

일체유심조 내 마음

욕심쟁이로

가끔씩 말도 안되는 욕심을 부리거나 강요할 때가 있다. 상대방에게 바꾸라고 강요도하고 변화가 왜 안 되냐고 그것밖에 못 하냐고

많은 사람들이 인간관계에서, 자식이나 친구, 내 남편, 내 부인 혹은 연인에게도 그 모양대로 왜 안되냐고 욕심을 부린다.

어쩜 나이가 먹으면 먹을수록 더 강해지는건지도 모르겠다. 자꾸 바꾸라고 욕심 부리니 더 더 힘들어지는 것인지도 모르겠다. 진정한 사랑이란 그 사람을 있는 그대로 존중해주는 것일 것이다.

바뀐다면 그건 그 사람이 원해서 스스로 바뀐 것 일 것이다.

나는 아직도 욕심쟁이다. 그래서 아직도 힘든가보다. 아직 내가 수양이 덜 되어서고, 아직도 부족한 인간이어서 말로만 하는 상대방들을 위한 배려인지 곰곰히 생각해 볼 노릇이다. 있는 그대로 보아주는 것 그것

이 진정한 사랑일진대 나는 어제도 오늘도 또 욕심을 부리고있다.

경양식 집을 아시나요?

필자는 경양식 집에 대한 추억이 있는데요. 수프가 나오고 모닝빵에 잼 양배추 샐러드 그리고 돈까스, 비후까스, 함박 스테이크 정식 세트. 두툼한 돈까스에 맛있는 소스가 올려져서 나오면 기분이 좋아서 소리를 지르곤 했답니다. 돈까스를 먹을까? 정식을 먹을까? 생선가스에 그 하얀 소스는 왜 또 그리 맛났는지 생각만해도 행복해 집니다.

첫 경양식 집은 아빠와 함께 해서인지 저에게는 오래 남는 추억의 한 편이 됩니다 외식이라고 하면 늘 짜장면이었는데 (그것도 너무 맛있었지만) 또 다른 신세계 였었네요.

경양식이 뭐야? 하실 분들도 있죠?
우리는 시대를 거슬러 현재를 살아갑니다. 삐삐가 울리면 전화를 하던 시간들도, 무선 전화기만큼 큰 전화기를 핸드폰으로 사용했던 시간들. 시티 폰 기억하시나요? 통화가 가능한 지역이 따로 있었죠. 한때 유행을 탔던 애니콜의 가로본능까지 기억이 납니다.

경양식 집을 아시나요?

지금의 폰들도 우리와 함께 그렇게 과거의 시간 속에 남게 되겠죠. 꿈 많고 객기가 있었던 이십 대 시절, 그 많은 시행착오를 겪고 오늘이 만들어 졌는데 그땐 빨리 어른이 되고 싶었네요. 아득한 과거의 추억에 울고 웃는 내일이 된다는 게, 그 날들이 그리워지는 것은 나이를 먹고있다는 증거일까요?

지금 나는 최고로 젊은 날.
최고로 아름다운 날.
최고로 행복한 날.
최고로 기억할 수 있는 날.

조금 부족해도 괜찮고,
조금 운다 해도 괜찮고,
 조금 부딪친다 한들 괜습니다.

또 지나고 나면 아득한 추억으로 남아있을 거에요.

오늘을 최고로 행복하게 하루하루 최선을 다하며 산다는 것, 그리고 부끄럽지 않게 산다는 것. 그래야 하는 이유가 될 수도 있을 것 같습니다.

오래간만에 보는 삐삐와 핸드폰 그리고 오래된 경양식집에서의 추억으로 옛 감성에 젖어본 시간들이었습니다. 울고 웃던 지난 날 그 속에 내가 남아 있습니다.

당신의 보석 같은 하루를 오늘도 응원합니다.

말 한마디

사람은 눈으로 보이는 것보다 그 아픔이 그 슬픔이 한없이 깊을 수도 있어서 말을 하고 싶지만 못 하는 것도 있고, 소리치고 싶어도 참아내야 하는 것도 있겠고.

그렇게 참고 참고 바닥끝까지 치달았을 때, 모든 것을 놓고 말 한마디 조차 안 나올 때 위로의 말 한마디가 그 사람을 살리기도 하고 때론 진심 어린 눈빛이 그 사람의 불가능한 것들도 이루게 될 수도 있는거죠.

한없이 바닥으로 수렁으로 떨어질 때 말의 힘이란 건 그렇게 힘을 주고 위로의 그 한마디는 사람을 살릴 수도 있을 것입니다. 다시 해보고자 하는 한 줄기 빛을 줍니다. 그 말이 빛이 됩니다. 그 힘으로 밥을 먹고 활동을 하고 그렇게 웃을 수도 있는 것입니다.

사람을 죽일수도 살릴수도 있는 그게 말의 힘인 것입니다.

네 맘대로 안되니 속상했지?
잘하고 싶은데 자꾸 어긋나서 어떡하니 너도 힘들지?
같이 해볼까?

힘내!
당신이 원한 건 바로
이 한 마디 있는지도 모를 텐데요

비 오는 하루

요사이 비가 너무 오네요. 하늘에 구멍이 뚫린 건지 비 피해 입지 않으시길 바라는 마음입니다. 요 며칠 집안 정리를 하면서 들었던 생각이 있었습니다. 물건을 버리는 걸 저는 화끈 히 못하는 편인데요. 저의 동생은 참 잘 버립니다.

한번 안 입게 된 옷, 살짝 스크래치 난 물건들을 과감히 빨리 버리는 성격이다 보니 저와는 늘 정 반대라고 생각했었는데요. 이 물건 역시 버리려다가 매번 쓸데가 있겠거니 하고 다시 집어 넣었다가 못 버리기를 몇 년째 자리를 차지하는 것이 있는 반면 지나다 어느 순간 확 버리게 되는 물건도 있는 것이 물건 정리를 하다가 인간관계, 부부 관계, 연인관계 모두 어쩜 똑같지 않을까? 그런 생각이 드는 하루였네요.

인연이란 것이 예기치 않게 물건처럼 찾아오기도 하죠. 사람마다의 성격이 틀리니 바로 정리를 하는 인연도, 버리지 못해 자꾸자꾸 옆에 두다 결국엔 내 버리게 되는 관계도 있고, 그렇게 쟁여 놓았다가 어느 순간

다시 쓰게 되는 것도 있듯이 다시 시작되는 관계도 있고, 몇 번 시도만하고 십 년째 지니고 있는 물건처럼 버리려 해도 버려 지지 않고 지키게 되는 관계도 있는 것 같습니다. 어떤 선택이든 결국 지나고 보면 내가 선택한 것이나 어떤 끌림, 어떤 어리석음, 어떤 타이밍, 어떤 운도 존재 했던 것 같으니 모든 게 뜻대로 되는 것 같지는 않네요. 그래도 주관대로 정리를 과감히 한다고 하였는데 물건 정리도 이렇게 쉽지 않은데 인간관계가 어찌 쉬울 수 있을까요?

지금 혹시 여러 인간관계로 힘들고 계신가요? 내가 힘들게 끊어 냈어도 다시 시작되는 관계도 있고, 정말 너무 힘들게 정리했던 인간관계 또한 있을텐데요. 또 새롭게 들어온 인연으로 좋기도 하지만 힘듦이 있으실 수도 있을 거구요.

모든 것이 시기와 때가 있듯 물 흐르듯이 흐르지 않는다고 너무 힘들어하지 않으셨음 좋겠습니다. 어느 순간에는 내 뜻이 아니었는데 그렇게 되기도 하고 그렇게 바라는 내 뜻이었어도 미해결 과제로 남기도 하니 아이러니가 많습니다 그것이 돌아보니 인생이더라고요. 오늘도 하루종일 인간관계로 울고 웃으실 그대를, 당신의 보석같은 하루를 응원합니다. 저는 며칠 전 십년 동안 지니고있던 돌 책상을 버렸는데요. 빈만큼 공간이 나오니 좋기도 하네요. 오랜 시간 함께해주었던 책상이었네요.

가끔씩

가끔씩 삶의 무게가 버거울 때가 있다. 지나온 시간 동안 내가 무얼 했을까? 손에선 다 빠져나가고 마음만 요동친다.

한순간 꿈이었구나.
초라해진 내 뒷모습에 마음이 아프고 코 끝이 찡하다.

무지개를 쫓았나?
나도 꿈꾸는 시간이 분명 있을진대 뒤돌아보니 모두 꿈이었구나.

나에게 남은 건 정말 소중한 이야기 두 개
만겁을 돌아 내게로 온 소중한 이야기

오늘도 일어난다. 다시 시작한다. 거역할 수 없는 삶의 무게를

다시 뜨거워져라. 다시 꿈꾸게 하라.

가끔씩

인연의 끈 스승의 날 기억 한 조각

스승의 날 잘 보내셨는지요?

참 사람이란 게 바쁘단 핑계로 그간 소중했던 은사님들을 잊고 산 건 아닌지…. 너무 세월이 흘러버린 지금 기억속에 계신 몇몇 분들을 떠올려보며 인연이란 것에 대해 생각해 보았네요.

인연은 늘 그렇듯이 좋은 인연만 있는건 아니었었지만 그분들과 관계를 맺으며 성장하고 성숙했네요. 그냥은 없었음을 고등학교 시절 글 쓰는 능력을 알아봐 주시고 격려해 주셨고 질풍노도의 마음을 진심으로 토닥여주셨던 담임선생님 그리고 꿈을 키워 주셨던 은사님이 기억 속에 떠오릅니다.

사업을 할때 말도 안되는 구설로 엄청 힘든 시기가 있었습니다. 확인 될 수 없는 어떤 사실로 심한 곤경에 처했을 때였습니다. 그분께 전화를 해서 나도 모르게 펑펑울었던 그 날을. 교수님이 정말 바로 한걸음에 달려와 주셨고 그 문제를 정말 슈퍼맨처럼 해결해 주셨던 그 날을.파노라

마처럼 기억이 스칩니다. 그렇게 인연의 끈이 묶여진 듯 하네요.

또 다른 인연입니다.
어머님이 상평통보 기타 등등 옛날 엽전을 갖고 계신 것이 좀 있었습니다. 어린 마음에 자랑하고 싶었을까요? 엽전을 모아 상자에 넣고 물론 칸도 만들고 유리도 덮었지요. 학교에 방학숙제로 당당하게 제출을 하게 됩니다.

그날 이후 저는 그 엽전들과 작별을 하게 됩니다.
전시도 되었던 기억이. 모두들 좋아했고 신기해했는데 기간이 끝나고 물건을 받으러 간 교무실에서 들은 한마디는 "모르겠네 올려놨는데 누군가가 가져갔나봐 방금까지 있었던 거 같은데…" 어린 마음에 하늘이 무너지는 것 같았습니다. cctv도 없고 경찰수사를 하고 싶어하지 않으신 부모님 의견에 사건은 그리 종결되었습니다.

아픈 상처로 남은 인연도 있고, 평생 감사할 은인으로 남은 인연도 있습니다. 나이를 먹다 보니 세상에는 정말 그냥 이란건 없는 듯 합니다.

내가 상처받았던 것처럼 다른 사람에게 상처 주지 말고, 내가 감동받았던 그 순간처럼 누군가에게는 감동을 주는 성숙한 삶을 만들어 가기 위해 오늘도 저는 노력 할 겁니다.

스승의 날을 보내며 기억 저 편에 있는 기억을 불러온 시절인연이었네요.

세상의 모든 스승님들께 너무 감사드립니다.
저희들이 성장하는 멋진 자양분이 됩니다.

오래오래 건강하세요.
사랑합니다.

멀리 돌아온 길

저녁부터 아빠 사진을 찾았다. 해외에 있는 딸 사진도 찾았다. 내 맘이 그랬나 보다. 멀리 돌아온 길에서 알게 된 것 그때 정말 소중한 것을 놓쳤나 보다. 그땐 미처 알지 못해서, 어리석었던 내가 부끄러워서, 밤새 내 가슴을 헤집었다.

멀리 돌아온 길

그때는 직진이라고 믿었던 이 길이 왜 그렇게 나를 잡고 힘들게 했을까. 그러나 시간이 흐른 후에 그때 버틸 힘은 사진 속 아빠가 준 거라, 사진 속 우리 딸이 준 거라 이야기할 수 있을 것 같아서…

부끄럽게 않게 이 순간을 만들어보려 한다. 소중하지만 놓쳤던 것을 다시 찾아보려고 한다.

또다시 멀리 돌아가더라도

멀리 돌아온 길

그리운 마음

멀리 돌아온 길 이라는 글에서 아버지와의 가족 사진을 남긴 적이 있는데요. 오늘은 가슴에 묻은 그 아버지 이야기를 조금 해보려 합니다.

가장 힘들 때 가장 생각나고 힘이 되는 것이 바로 부모님, 형제, 가족 이라는 것은 나이를 먹어가면서 깨달아가는 과정이 아닌가 싶습니다.

어린시절엔 친구와의 큰 역할을 하다 결혼을 하고 아이를 낳을 때는 남편과 자식이 큰 역할을 하게 되더니 조금 더 시간이 지나고 보니 나를 돌아보게 되는 시간이 오더니 가슴 저 편에 있던 부모님 생각이 문득문득 떠오르는 게 아마도 이게 나일 먹어가는 것일까요?

그리 넉넉하지 않은 집안의 장남으로 태어나셔서 자수성가를 꿈꾸셨을 아빠의 삶에 대해 생각을 해보게 되었고 세상의 모든 아버지는 가족들을 위해서 그렇게 열심히 꿈꾸고 살고 계시지 않을까 라는 생각이 들었습니다. 더 편안하게 자식들을 살게 하고 싶어서 그렇게 성공하시고자

고군분투 하셨던 아빠의 모습이 내 어린 시절에는 그냥 눈에 보여지는 것이 였는데. 어린 마음엔 어찌보면 당연한 것이었는데 이제는 그 상황 하나 하나가 느껴지고 가슴이 뭉클한 것이 되어지네요.

그땐 왜 몰랐을까요? 그냥 당연한 것이라 여겼었었네요.

스티브 연 이라는 배우를 알고 계신지요? 저도 그가 누군지 잘 몰랐었는데요. '나는 이 영화를 찍으면서 아버지의 삶을 이해하게 되었다. 아버지를 깊이 이해하게 되었다. 낯선 미국 사회에 정착하기 위해 고군분투했을 아버지의 삶을 느끼게 되었다. 영화가 끝나고 아버지는 내 어깨에 손을 얹으셨고 우리는 같이 울었다.' 란 대목에서 어느새 같은 마음을 가지게 되더라구요. 스티브 연 은 다섯살 때 이민을 가게 됨으로써 미국인인가 한국인인가의 중간에서의 정체성 혼란을 겪고 한국계 미국인으로 사는 어려움 속에 성장했다고 합니다. 미나리 라는 영화에서의 본인의 직업인 병아리 감별사는 바로 아버지가 이민을 와서 가지셨던 직업이라고 합니다. 한국인들은 손이 작고 또 손이 빠르니 많은 분들이 이 직업을 하셨다 해요.

미나리라는 영화는 아시는 분이 많을 텐데요. 1980년대를 배경으로 이민 온 가정의 이야기입니다. 얼마 전 배우 윤여정 님이 여우주연상을 받으신 영화이기도 합니다. 스티브 연이 말하듯 부모님들이 바쁜 시기,

고군분투하던 시기에는 부모님과의 대화는 점점 없어지고 부모님들의 마음을 이해하기엔 우리 모두 너무 어렸었는지도 모르겠습니다.

이제는 아빠는 돌아가시고 안 계시지만 그렇게 노력하고 사셨을 아빠의 모습들을 이제 이해하는 나이가 되고 보니 가슴에 아빠를 묻습니다. 아프지 않다면 거짓말이겠지요. 그리고 문득문득 눈물로 떠오르는 기억들 또한 가슴에 묻습니다.

조금 일찍 딸아이와 아빠께 다녀와야겠습니다. 아빠가 좋아하시던 문어를 사 갖고 가고 싶은데 납골당이 아직까지 음식 반입 금지 군요. 저의 아버님의 고향은 경북 울진이십니다. 그 영향인지 해산물을 참 좋아하셨는데요. 외국에서도 일을 열심히 하셨고 나이드신 분 치고는 영어도 일어도 참 잘 하시는 분이셨네요. 아빠가 허허 웃던 모습이 그리워지는 것은 추석이 다가와서 일까요. 제 맘인 것일까요?

내가 진짜 원하는 것은

　나의 버킷에 어떤 걸 넣으셨나요. 획기적인 그 무엇이 있으셨을까요. 지난 새해의 그 많던 다짐들은 다 어디로 갔을까요. 그 많았던 다짐과 약속들은 어디로 갔을까요. 지난해 참으로 많은 버킷이 있으셨는지요.
　뿌듯한 마음으로 다음해를 맞이하셨으면 좋겠어요.
　끝까지 해낸 것, 그래도 만족할 만한 것이 있으셨다면 그 뿌듯한 마음으로 맞이하셨으면 좋겠어요. 저도 한 가지는 있는 것 같습니다.

　운기가 바뀌는 무술(戊戌)부터 신축(辛丑)까지 저는 많은 맘적 고통과 힘듦 그리고 많은 변화를 겪어냈는데요. 참 운이 바뀔 때 바닥까지 추락하는 부분을 실감했습니다. 내 선택이라 해도, 선택이었었다 하더라도 앞이 보이지 않는 듯한 현실에 희망은 아예 없다고 생각한 날들도 많았는데요. 이제 맞이하는 꽃씨는 금빛 찬란하거나 꽃길이 금방 되는 현실은 아닌듯 합니다. 그러나 중요한 것 하나가 고통에서 깨달은 것이 있다면 스스로 단단해지라고 내게 고통과 변화를 주셨구나 였어요.

그 변화는 너무나 힘들었지만 제가 내담자에게 가슴으로 말할 수 있는 기회를 주었는데요. 사실 어쩜 저는 제 자신을 깨지 못하는 고집과 아집 그리고 자존심 강한 어린아이였는지도 모르겠습니다 또한 철부지였는지도요.

오늘은 제 자신에게 담담히 묻습니다. 네 자신이 진짜 원하는 것은 무엇이니? 내담자들은 이렇게 얘기들 하셨어요. 복권 당첨이요. 건강입니다. 무조건 재물입니다. 돈 좀 원 없이 벌고 싶어요. 헤어진 인연을 꼭 만나고 싶어요. 결혼은 할 수 있을까요. 이 일의 끝은 어떻게 될까요. 직업을 너무 바꾸고 싶은데요. 그녀가 (그가) 나타날까요. 사장님 좀 바꾸고 싶어요.

아마도 이걸 보시면서 느끼시는 게 있으실 거예요. 다 바꾸고 싶으신가요? 그런 계기가 오는 순간이 저에게도 있었습니다. 말도 안 되는 작은 계기가 삶을 송두리째 바뀌는 계기가 되기도 하고 그 순간을 통해 충분히 아파하며 아니 지금도 그 터널을 걷고 있지만 예전보다 전 감사할 것이 많다 생각을 하고 있습니다.

아니 예전보다 말도 안 되는 작은 하나에도 감사해야겠다 생각을 할 때도 있으니 큰 어려움이 많지만, 그래도 하루하루 견디어지는지도 모르겠습니다. 그런 변화의 순간이 인생에서 꼭 한 번은 오는 것 같습니다.

이전보다 다른 눈으로 사물을 보게 되고 성장하게 하는 힘 그건 나 자신도 모르는 사이에 키가 크듯 그렇게 조금씩 성장하고 있었습니다.

지금 혹시 많이 힘드신가요. 어두운 터널을 지나고 계시나요. 이 고통이 지난 후에는 다른 눈으로, 다른 마음으로 세상을 바라보고 계실 거라 저는 확신합니다.

어제 수업을 갔더니 선생님 중 한 분이 임재범 님의 살아야 지라는 노래를 들으면서 눈물을 흘렸다 하셨는데요. 나이 들수록 감성이 예민해지고 작은 것에도 눈물이 나는 것은 호르몬의 변화도 있겠지만 그렇게 순환되며 살라는 하늘의 뜻일지도 모르겠습니다.

특별한 것이 아니라도 괜찮을 것 같습니다. 다가오는 명절에 식구들과의 식사 그리고 담소 나누기, 사랑하는 강아지와의 산책, 사랑하는 아이와 함께하는 말 한마디, 연인과 손을 잡고 눈빛을 나누는 작은 행동들 하나하나 지나고 보면 눈물짓는 추억이 될 수도 있으니 오늘 임재범 님의 살아 야지를 들으면서 내가 진짜 원하는 것은 무엇인지 한 번 더 나에게 물어보려 합니다.

그리고 다시 버킷을 만들어 보려 합니다.

어떤 선택이든 그 당시에는 모른다

그땐 그렇게 할 수밖에 없었으니까.
내 마음의 상처가 결국엔 그런 결정을 하게 만들었으니까.
위안하면서 그렇게.

어느 날 문득 새벽에 눈을 떴을 때
뺨 위로 한 줄기 눈물이 그렇게 흘러내렸다.
왜 그렇게 할 수밖에 없었던거니

왜 그랬을까?
그게 최선이었을까?

늘 이렇게 돌아서서 부족함을 느끼는 인간인지라
나도 모르게 나도 상처를 주고 상처를 주면서도
상처인 줄도 모르고

그렇게 결정을 하면서
옳은 선택이라 믿으면서
그렇게 시간은 흘러간다.

그때 그 자리로 다시 돌아간다면
돌아갈 수가 있다면
나는 과연 또 똑같은 선택을 할 수 있을까?
그때 그 시절로 돌아간다면
그때는 잘 모른다
그렇게 어리석은 나였기에

오늘이
그렇게 나에게
특별한 하루였던 것도 그때는 모른다.

가장 아름답고 특별한 날이었단 것도
가장 행복한 시간이었단 것도
그렇게 시간은 흐른다

그냥 그렇게

그냥 그렇게 잘 사시게.

비 오면 비 오는 대로 천둥 치면 천둥 치는 대로 살다 보면 햇빛 쨍한 날도 있고 반짝이는 날도 있을 테니 지금은 좀 많이 힘들더라도 기억이 자꾸 소환돼서 불편하더라도 한때는 만겁을 돌아 만난 인연이었으니 갚을 것이 많아 그렇게 함께했었노라 부디 보내주시오.

비 내리는 아침 창밖은 눈물로 흘러내리는데 부디 잘 사시게나 그냥 그렇게 잘 사시게. 서로에게 진 빚이라 그렇게 자꾸 소환되더라도 그래도 너무 미워하지 말고 그렇게 세월 지남 부덕해서 몰랐던 이치 깨닫는 날 있지 않겠소.

세상 인간 사 모두 부족하고 모자람이니 바람 분다고 또다시 흔들리지 말고 그렇게 곧은 마음으로. 오늘도 그때처럼 또 바람이 부니 그냥 그렇게 잘 사시게.

다 흘려보내시게.

복날을 보내면서

엄마.
왜 그리 일찍 가셨어요?

거친 손 몇 번이나 잡아드린 기억도 없이 그냥 당연하다고 왜 더 안 주냐고 왜 더 없냐고 달라기만 했던 철부지 기억이 떠올랐습니다.

사랑은 내리사랑이라 했던가. 이제 어느덧 아이들은 크고 사랑을 알 만한 나이가 되고 보니 부끄러움만 가득한데 오늘 같은 날이면 삼계탕 한 그릇 고이 사드리고픈데.

저 같으면 그렇게 못했을 텐데 어찌 그리 사셨을까요? 손재주가 그리 좋으셨는데 지금같으면 세상에 알리고 무엇이든 하셨을 여걸이신데 그 때 그 시절이 그랬네요.
힘들게 사셨네요.
미안하고 감사하고 사랑합니다

어떤 하루

무슨 바람이 불었을까?
아들 청약통장을 갑자기 만들고 싶었던 날.
은행 시간을 십 분 남기고 헐레벌떡 은행으로 뛰어갔다.
도장은 내 걸로 갖고 왔고 등본도 있으니 오케이.

왠지 뿌듯했던 건 이건 부모로서의 마음이었을 거야.
왠지 즐거웠던 건 목표 달성의 기쁨이었을까?

은행 직원분의 말은 내가 이미 청약통장을 가입해 놓았단다.

내가?!!

이유인즉 자동이체가 풀어지면서 시간이 흐르니 내 기억 속에서 더 잊혀졌단것. 혹시 딸내미 것도 있냐고 물었더니 같은 날 가입했다고.

참 정신없이 살았는지 원래 정신이 없었던 건지. 그래도 아이들 앞으로 얼마의 돈이 쌓였단 게 기분이 좋아서 들뜬 마음으로 은행을 나오다 문득 아들의 침 흘리던 베이비 모습이 떠올랐다.

지금은 고등학생인 우리 아들.
그러고 보니 그때는 얼마나 예뻤었는지 품에서 놓기가 아까울 정도였었지 물론 지금도 너무 예쁘지만, 모든 부모들이 그렇지만 아이들 앞에 서만은 유독 바보일 때가 있지 않은가. 그래서 딸 바보라는 말도 있는 거 겠지.

지금도 있나? 그때 범보 의자란 게 있었었다. 거기 앉혀놓으면 아들이 어느 정도는 생긋생긋 웃으며 앉아주었으니 정말 좋은 발명품이다 싶었었다.

아들이 키가 커지고 얼굴에 여드름이 생기고 이렇게 세월이 흘렀구나 청약통장 말고도 또 우리 아들에 주고 싶은 게 있다.

어떤 상황이던 어떤 자리이던 너를 응원하겠다는 정서적 지지. 아이에게 무한한 정서적 지지를 주는 단 한 사람이 있다면 그 아이는 힘한 풍파 속에서도 꼭 다시 돌아온다고 한다. 그 믿음을 보여주고 싶고 느끼게 해주고 싶다.

그래. 너무나 당연하고 평범한 것이지만 가장 소중한 강력한 힘이며 앞으로 겪어질 험난한 여정에 아이에게 주는 가장 값진 선물일 것이다.

왠지 내가 선물 받은 것 같은 기분 좋은 하루.

나는 잠시 2009년도로 거슬러 올라갔다. 범보 의자 위의 우리 아들은 그렇게 웃으며 엄마를 보고 있다.

내가 혼자라 생각될 때

맘속의 고민을 스스럼없이 이야기하고 투정을 부린들 받아주는 사람이 옆에 있다면 그건 행복이다.

나와 일상을 공유해 주고 오늘 하루 괜찮았니? 다정히 물어주는 사람이 있다면 그건 감사다.

나이가 들면서 눈치 안 보며 바라보고 크게 울고 웃을 수 있는 좋은 친구가 옆에 있다면 그건 축복이다.

내가 이 세상에 혼자라고 생각들 때 내 손을 잡아주며 위로해 주는 사람이 있다면 그건 바로 행운이다.

나는 혼자가 아니지 않은가?

감사할 일이 너무 많다

쓰다만 이야기 다시 계속될 이야기들

파란색 커플 티를 예쁘게 맞춰 입은 해맑은 연인의 모습이 싱그럽고 여기저기 사진 찍는 이들의 모습이 정겹다. 어르신들도 어린아이들도 모두 상기된 듯 보인다.

같은 곳이지만 늘 다시 와보면 다른 느낌이다 하지만 늘 그 자리에서 나를 맞아준다. 따뜻한 품으로 나를 받아준다.

지나간 기억들이 떠올라 깜짝 놀라본다. 그때의 나 그때의 감정에 벌써 돌아가있다. 아름다운 시절이 있었구나. 그렇게 사랑했었던 시절이 있었구나. 그렇게 기억에 머물러본다.

노을 지는 이곳에 그렇게 한참을 앉아있는다.

내 상처를 어루만져 주고 내 눈물도 받아주고 내 어리석음도 토닥여 준다.

그래 나는 어느새 반짝여진다. 못 쓸 것 같았던 이야기를, 쓰다만 이야기를 그렇게 머뭇거리던 이야기들을 나는 다시 써나가려 한다. 아니 써보려 한다.

바다는 치유다. 어머니의 품이다. 늘 다시 돌아오고 싶은 곳이다.

먼 훗날 다시 돌아왔을 때 맞이하는 오늘은 행복하게 기억될 오늘 일 테니. 다시 꺼내보고 싶은 오늘 일 테니.

일요일 오후 사랑에 대한

언제부터 내가 시란 것에 관심을 가졌던가?
아마도 좋아했던 시는 꽃 이란 시였었다.

김춘수 시인님의 꽃

너는 나에게
나는 너에게
잊히지 않는 하나의 눈짓이
되고 싶다
잊히지 않는 구절이었다

어떤 인연들은
잊히지 않는 하나의 눈짓이 되기도 하고
어떤 인연들은
그 눈짓조차 끔찍이 싫어지는

슬픈 인연으로 남기도 한다

현재의 사랑이
그렇게 아픔이 되리라고
꿈에나 생각하겠는가?
사랑은 계속 영원할 것이라
그렇게 믿고 살아가는 것이다

헤어지는 이유도
본인 시각에서 해석되니
진실은 이미 저 멀리 던져졌다
서로의 말이 어찌나 틀린 지
본인만의 해석 방식이 있는듯하다

그래서 이젠
그들의 사랑 얘기는
내가 먼저 해석하지 말자
그냥 들어줄 뿐
그렇게 편들지 않기로 한다

사랑을 할 땐

이해되던 그 모든 것이
이별을 겪으며
이해 못 하는 문제로 부각되고
상대방은
천하에 나쁜 놈
나쁜 년으로 되나니
마음의 골
더 많은 아픔을 만들어 내나니

열 살이던
스무 살이던
나이 오십이던
사랑 때문에 울고 웃기는 매한가지
우리는 사랑 앞에서는
유독 정신이 못 차려지지 않는가

마음의 상처로 남은 사랑은
독버섯처럼 자라나서
한동안 숨을 못 쉬게 한다
내 생각 또한 마비 시킨다

김 춘수 시인은

릴케의 시집을 보고

영감을 받았고

릴케는 가시에 찔려서

이 세상을 떠났다

김 춘수 시인은

기도 폐색으로 중환자실에서

넉 달 이상 산소호흡기에

의지하다 세상을 떠났다

우리네 인생은

소리 없이 왔다 또 소리 없이 가는 것 사랑도 삶도

마음의 독버섯도 그렇게 간다

아닌 인연 일지라도

한때는 소중한 인연이었을진대

세상이 그렇게 만들었구나

상황이 그렇게 만들어 버렸구나

아니 내가 그렇게 만들었구나

내 인연이 아니었나 보다

손에서 떠나보내고

한 송이 꽃을 피워보자

그게 카르마였고

업이었던가

그렇게 나로썬 최선을

다했으니

내 마음의 꽃으로

내가 그 꽃으로

나를 위안한다

꽃 한 송이 피어보자

솔직히 나는

너무나 함축적인 표현의 시들은

잘 이해를 못 한다

 그래서 그냥 느낌으로 받아들인다

한때 열병처럼 휩쓸려갔던 그

사랑도 그렇게 이해가 안 되었나 보다

그냥 느낌으로만 받아들이고

이해가 안 되지만

내가 부족했었나보다

그렇게 흘려보낸다

그렇게 시간은 흐를진대

어떻게 인생이 마음의 독버섯 하나로 설명되어 지겠나 그 이전의 그 많던 생채기와 바람에 흔들렸을진대 다 내가 부덕한 모양새여서 그랬나 보다. 생각에서 놓아주자. 그래야 내가 편안하다.

그날 세탁기 속

온 세상이 버블버블
거품이 돌고 돌아 세상은 통 돌이 세탁기 속

아이고 어지럽다
아이고 아프다

때묻은 거 다 지우라고
지나간 건 다 잊으라고
돌고 또 돌아

아픔도 눈물도 버블버블
세월의 때도 흔적도 버블버블

내려치고 누르고 힘껏 짜내고 새것이 되라고 다시 태어난 듯 깨끗해 지라고.

세탁기 안 세상이 바뀌려고 돌고 또 돌아 아픔이 눈물인지 거품이 눈물인지 세상이 바뀌려고 돌고 또 돌아

이제 향기로 마무리되나니 반짝인다 아름다워진다.

아이고 예쁘다.
아이고 살았구나.
다시 태어났구나.
아름답게 태어났어.

추억 한조각

낮과 밤의 기온차가 참 많은 지금입니다 계절이 이렇게 지나가듯 시간은 이렇게 흐르고 흘러지고 오늘은 과거의 많은 사람들 그리고 기억들이 장소와 함께 오버랩 되었네요 다른 일로 장소에 갔다가 잠시 추억에 길을 멈추고 생각도 멈춰지고

학부모 상담을 하던 10년이 훨씬 넘는 시간 그 상담은 부족하기도 나름 괜찮기도 했었겠지만 시간이 지남서는 왠지 부끄럽고 고개 숙여지기도 합니다.

무엇이든 내 뜻대로 된다고 생각했던 시절이었네요. 패기와 용기가 넘쳐났었지요. 윤동주 님이 말씀하셨던 뒤안길에 서보니 음 지나간 길을 돌아보는 의미로써 생각하자고요. 참으로 부족한데 열정은 최고였었네요.

그때 다녔던 길을 오늘 운전해 보니 그래도 참 열심히는 살았었네요. 이제는 그때로 돌아갈 수도 없지만 그때의 기억 하나로 웃음 지어지는

하나는 있네요 그때의 예뻤던 아이들 그 눈망울 하나하나 이제는 빛 바랜 기억이지만 가슴속에는 하나하나 살아있네요.

더 잘해주지 못해서 미안하고 부족하지만 열정적인 과거였기에 소중함으로 남기를 바라봅니다. 그래 정말 잘 한 일이었다. 너희들을 만났던 일은 그건 바로 운명 같은 일이었을 거야. 너희들은 가슴속에서 영원히 있을 테니까.

향기가 나는 사람이고 싶다

날씨의 변화를 느끼는 하루입니다.

어제는 제가 집에 데려온 친구가 있는데요. 낑낑대며 데려와서 현관 입구에 놓았더니 드나들때마다 향기가 납니다. 아, 화분이야기 입니다.

별로 향기가 나는 자리도 아니고 때로는 재활용으로 정리가 되지않던 공간이었는데 사실 별로 그닥 아름답지않던 공간이었는지도요. 볼때마다눈이 시원해지고 코 끝이냄새로 번집니다. 작은 변화로 기분이 좋아집니다. 공간안에 두었을뿐인데 공간이 아름다와지고 향기까지 나다니 아름다운 사람은 그것이 어떤 공간이든 어떤 자리이든 그 마음으로 그 말로그 행동으로 주변을물들게하고 아름답게 은은하게 만들어주는 것 아닐까요?

한번을 보아도기분이 좋아지는 그런 분들은 좋은 향기로 남아서 다음번에도 또보고싶어지고 좋은 에너지와 좋은 생각을 주는 것 같습니다.

저도 누군가에게 그런 존재이고 싶습니다. 모나고 뾰족함으로 남기보다는 다시 보고싶고 만났다 헤어지면 은은한 그 향기로 남는 그런 사람이었음 좋겠습니다.

저를 찾아주시는 분들에게도 부족하지만 그 향기를 남겨드리고 싶습니다. 그. 향기로. 남는. 사람이고 싶습니다. 인생의 굴곡에서 눈물 흘리고 있을 때 따스한 말 한마디로 따뜻함을 주고 그래 괜찮아 말할 수 있는, 차가 커브길에서 삐뚤어 지기도하고 정차되기도 하고 펑크가 나서 놀란 가슴 쓸어내릴 때 내가 해보니까 그래도 해결은 되더라 지혜를 줄 수 있는 사람이면 좋겠습니다.

다 늦은 저녁 밥 냄새에 기분까지 좋아지게 배추 된장국 냄새에 웃음을 짓고 여유있는 마음으로 두 그릇 나눌 수 있는 주걱으로 힘차게 밥을 떠서 담는 나눌 수 있는 사람이면 좋겠습니다.

문을 열고 들어오면 머리가 하얘진 모습이지만 여전히 아름다운 미소로 손을 잡아주는 사람이면 좋겠습니다.

소중한 것들을 소중하게 알고 소중함을 가슴에 품고 다정하게 손을 잡아주고 싶습니다. 말하지 않아도 설명하지 않아도 . 우리는 이미 알고 있을테니까. 향기는 그렇게 우리들의 코 끝을 스쳐갈 것입니다.

눈물 나도록 살아라

(Live to the point of tears)

얼마 전 배우 한 지일 씨를 티브에서 뵈었다. 시간이 어떻게 흘렀으니 머리가 하얗게 변하셨지만 턱 선이 강하신 한지일 선생님은 나이가 드셨음에도 한눈에 배우 같은 외모가 여전하셨다.

물론 나는 아제아제 바라아제로 그분을 뵌 적이 있지만 벌써 너무 오래된 이야기인지라 너무나도 반갑고 눈여겨보게 되었다.

선생님의 그동안 삶이 느껴져서 맘이 짠했다. 중간중간 사람들을 만나서 울먹이시면서 우시는 모습 또한 참 뭉클한 것이 미국에서의 그 수많은 직업들에 얼마나 많은 사연들을 갖고 계실지 공감되었다. 얼마나 많은 가슴의 멍울을 갖고계실까?

눈물 나도록 살아라.
그 단어가 떠올랐다
"눈물 나도록 살아라."
(Live to the point of tears)

유명한 이 말을 남긴분은프랑스의 작가 알베르 카뮈(1913~1960년) 로 카뮈는 매일 최선을 다하라는 의미로 이 말을 했다한다. 이 말에 더욱 실감나게 삶을 살다가신 영국의 여류 극작가인 샬롯 키틀리(Charlotte Kitley)란 분이있다. 세상을 떠나면서 그녀가 남긴 블로그의 글이 심금을 울렸는데요. 그녀는 대장암 4기 진단을 받았고 그 후 암 세포가 간과 폐로 전이되어 그녀는 종양 제거술 2회, 방사선 치료 25회, 화학요법 치료 39회 등 암을 극복하기 위해 최선을 다 했음에도남편과 5살, 3살짜리 자녀를 남겨둔 채 세상을 떠났습니다.

그녀가 남긴 글의 내용입니다.

살고 싶은 나날이 이렇게도 많은데 저한테는 허락하지 않네요. 내 아이들 커가는 모습도 보고 싶고 남편에게는 못된 마누라도 되면서 늙어 보고 싶은데 그럴 시간을 안 주네요. 지금까지 살아보니 그렇더라고요. 매일 아침 아이들에게 일어나라고, 서두르라고, 이 닦으라고 소리지르는 나날들이 모두가 행복이었더군요.

살고 싶어서, 해보라는 온갖 치료 다 받아봤습니다. 기본적 의학 요법은 물론, 기름에 절인 치즈도 먹어보고 쓰디 쓴 즙도 마셔봤어요. 한방에 가서 침(針)도 맞았지요. 그런데 모두 아니더라고요. 귀한 시간 낭비라는 생각만 들었습니다.

장례식 문제를 미리 처리해 놓고 나니 매일 아침 일어나 내 아이들 껴안아 주고 뽀뽀해 줄 수 있다는 게 새삼 너무 감사하게 느껴졌습니다.

이제 얼마 후에 나는 남편의 곁에서 잠이 깬 이른 아침의 기쁨과 행복을 잃게 될 것이고, 남편은 무심코 커피잔 두 개를 꺼냈다가 커피는 한 잔만 타도 된다는 사실에 슬퍼하게 되겠지요.

딸 아이 머리 땋아줘야 하는데 이를 누가, 아들 녀석이 가지고 놀던 레고의 어느 한 조각이 어디에 굴러 들어가 있는지는 나만 아는데 그건 이제 누가 찾아 줄까요. 의사로부터 6개월 사망 시한부 판정을 받고도 22개월을 살았습니다. 그렇게 1년 넘게 더 보너스로 얻은 덕분에 아이의 초등학교 입학 첫날 학교에 데려다 주는 기쁨을 가슴에 품고 떠나 갈 수 있게 됐어요.

아이의 흔들거리던 이가 빠져 그 기념으로 자전거를 사주러 갔을 때는 정말 행복했었습니다. 이것 또한 감사한 일이 아닐 수 없었습니다.

보너스 1년 덕분에 30대 중반이 아니라 30대 후반까지 살다 가니 감사합니다. 감사한 일이 한두 가지가 아니랍니다.

중년의 복부 비만 같은 거 늘어나는 허리둘레 같은 거 그거 한번 가져 봤으면 좋겠어요. 그 만큼 살아 남는다는 얘기잖습니까. 저는 한 번 늙어 보고 싶었어요. 부디 삶을 즐기면서 사시기 바랍니다. 두 손으로 삶을 꼭 붙드시기 바랍니다.

샬롯 키틀리

지금 이순간이 얼마나 소중한 하루란것을 그녀는 말해주고 있습니다. 어떤이에게는 마지막 끈까지 붙잡고 싶은 감사한 하루란것을 올라갈 때까지 올라가보셨던 선생님의 나락은 다른 어떤이의 고통보다 크셨을진대 그 마음의 고통이 어떠하셨을지 이력서를 가지고 다니시는 선생님의 모습에 큰 박수를 보내드렸다.

삶이란것이 이렇게 하루하루 많은것들을 생각하게하고 변화무쌍한 것을 스스로 감내하시며 백번을 맘을 다스리며 노력하셨을 모습에 내 눈가도 뜨거워졌다. 시니어모델로 첫 발을 내딛으시는 선생님께 무한박수를 보내 드립니다. 패션쇼에서 제일 당당한 모습으로 워킹해 주세요.

"저는 한 번 늙어 보고 싶었어요. 부디 삶을 즐기면서 사시기 바랍니다" 그녀의 말이 가슴속으로 들어온다. 다시 오지 않을 소중한 이 하루를 위해 나는 어떤 그림을 그려나가야할까?

나의 여름

나의 여름은 불꽃처럼 타오르다 다가오는 써늘함에 자리를 내주고 그 흔적들만 남기고 묵묵히 걸어들어갔다.

그 여름에 고민과 번뇌들까지 반짝이는 불꽃 속으로 흩어져 들어갔다. 불타던 사랑도 기다림도 모두 가져가고 이제는 다가오는 칼날 같은 기운에 나를 맡겨본다.

이제는 점점 추워지겠구나.
서늘해지는 기운에 또 다시 나는 뜨거움을 꿈꾸어야 한다.

나의 여름

배추김치

배추는 푸릇푸릇 잎사귀가 싱싱해야지. 고르고 또 골라서 신안에서 올라온 천일염으로 한 주먹 소금이 쏟아지네.

싱싱해서 샀더니 억세기가 소 힘줄인가 숨이 죽지 않아 한 주먹 더 소금을 넣어서 휘 젓어두니 괜찮을까 싶어서 또 소금을 집어 든다.

아냐 아냐. 너무 짜진다. 너무 물러지지.
이제 좀 기다리자. 너무 성급했나. 살살 달래본다.

기다리면 될 것을 부추는 아기 다루듯 살살 무쳐야 하지. 풋내 나면 안 되니 새우젓에 고춧가루 알싸하게 무쳐보니 때갈이 자르르.

내 가슴에도 소금이 뿌려졌다. 내 마음도 소금에 절여진다. 사춘기 우리 아들 우리 딸 냉랭한 말투에 나도 반항하고 싶었는데.

그래 기다리면 될 것을 너무 성급했나 살 살 달래본다.

알싸한 김치 맛에 여드름 총총 난 아들의 웃어지는 얼굴에 어미의 이름으로 산다는 게 먼 죈지 사춘기의 이름으로 산다는 게 먼 죈지 그냥 웃어버렸다.

갓 만든 김치에 하얀 쌀밥이 눈물 나게 맛있는 저녁.

그리움

노란 찜통에서 연기가 모락모락 꿀 송편 깨 송편이 익어간다.
딱딱 딱딱. 절구에서는 떡매치기 살살 콩가루를 뿌려주면 쫀득쫀득 인절미. 군침이 한가득

한 입 베어 물면 고소한 깨향에 설탕물까지 흐르면 안성맞춤.
할머니의 손길, 엄마의 마음까지 빚어져서 고소하다. 찰지다. 솔잎 향까지 나면 더욱 좋지.

쑥이 한가득 들어간 못생긴 개떡에 참기름에 윤기가 흐르는 쑥절편 꿀을 한가득 품은 꿀떡에 밤 잣 대추 가득 약식 누런 베보자기에 맏 며느리 큰 손처럼 과분한 양으로 뜨거워지던 쫄깃함.

떡은 그리움이다. 아스라한 추억이다.
뜨거워진 김만큼 기다리던 그 시간들이 그리워진다.
그는 아마 모를 것이다.

내가 얼마나 떡을 좋아하는지 잊고 살았다. 내가 떡을 얼마큼 좋아하는지도, 좋아하는 사람인지도.

선물로 받은 모시송편이, 그 시간 그 기억들로 나를 부른다.

시끌벅적 시장 골목에서 맏 며느리 절대 하지 말라던 엄마의 목소리가 들리는 것 같다.

봄날

마지막 순간까지 그렇게
하나일 거라, 하나일 거라 믿었는데

서둘러 본 마지막 페이지
말없이 페이지를 넘겼지만 그곳에는 그대가 없으니

그 봄날 그 속에서 하얗게 웃던 두 주인공
그렇게 울고 웃었는데

그렇게 많은 일들을 겪고 단단해졌다는 믿음은
믿을 수 없어서 단박에 드러났는가
가슴 시리던 봄날은 어디로 갔는가?

다시 오지 못해서 마지막 페이지로 흐르는가
이제 흘러가면 언제 어떤 모습으로 다시 만날까나

벚꽃 아래서 사진을 찍어주던 슬프도록 아름답던 봄 날
이제는 기억 저편으로 사라져버릴 나의 봄날

어느새 봄날 벚꽃길에 서 있는다.

시리도록 아름답던 봄 날은
이슬을 머금고 뒹굴다 사라진다.
안개속으로

다시 봄 날을 기다릴 수 있을까?

나이를 먹어 간다는 것

흰머리가 늘었다. 중력의 법칙으로 얼굴은 바닥으로 점점 쳐져가고 눈 밑도 꺼져가고 늘어나는 뱃살에 주름까지.

뻔뻔함(?)도 늘었다. 그냥 오래 생각하지 않고 바로 내려놓는다. 몇 살 어릴 땐 그리 고민되던 것도 이젠 바로 버릴 줄 아는 뻔뻔함(?)도 늘었다,

말할 줄 도 알게 되었다. 그냥 억울해도 지나쳤던 것들도 많았는데 이제 목소리가 커지고 말해야겠다도 되는 것이

예전보다 역지사지로 상대방 의향을 한 번 더 생각하는 내 모양새가 흰머리가 늘면서 같이 가는 내 삶인가 싶다.

갱년기 머 그까짓 거 흰머리도, 주름도 함께가는거지

단 몇 시간이라도

단 몇 시간이라도, 꿈에라도 시간이 주어진다면

울 엄마 그때 그 모습 그대로 손을 잡고 엄마가 원하는 곳 먹고 싶은 것 모두, 주머니까지 내놓고 맞이하려네.

한 걸음 고이고이 발맞춰
추억의 앞마당을 거닐며
그렇게 못했던 얘기 도란 도란
아니. 말하지 않아도 그냥 듣기만 해도
행복할 텐데

나 상처받은 마음 일러 드릴 테야
가슴 깊이 상처를 꺼내 보이며 나 너무 아팠노라고
그렇게 가슴에 파묻혀 엉엉 울 수 있다면
단 오분인들 너무 좋을 텐데

단 몇 분이라도, 꿈에라도 뵐 수 있다면 향내 나는 그 물에 당신이 그랬던 것처럼 고이 발 한 번 씻겨드리면 얼마나 좋을까?

그때는 부족해서 헤아리지 못한 내 어리석음을 머리를 조아리고 사과드리고 싶은데 잘 해드린 게 없어서 너무 창피하다고, 진심으로 고백하고 싶은데 너무나 빨리 하늘의 별이 되신 내 어머니.

별똥별이 내 푸른 가슴으로 떨어진다.
마음속에 깊은 파장이 아프다.

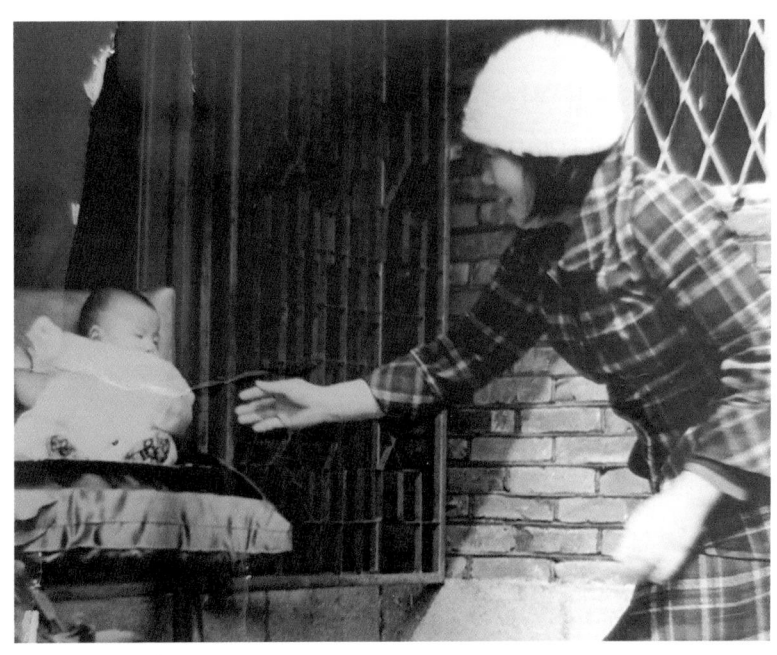

에필로그

사람마다 고유한 색깔이 있을 것입니다. 나의 글에도 그런 색깔이 있을 것입니다. 처음 내 마음을 달래기 위해 썼던 글들이 내 자신에게도 큰 힘이 되었으며 나 역시 그 글과 소통하고 있었습니다.

블로그에 썼던 그 글들을 마음이 힘들 때 내가 그랬던 것처럼 작은 글로 서로 소통하고 위안받고 싶었습니다. 작은 시작으로 작은 마음으로 문을 열어봅니다.

시간이 지나도 만나고 싶은 사람이 있다. 시간이 지나서도 여전히 그 자리에 있어줄 것 같은 사람, 나는 그런 사람이 되고 싶습니다.

그렇게 향기가 나는 사람으로 남고 싶습니다.

시절인연

별처럼 빛날 너에게

별따라.

길따라.

인연따라

시현 지음

목차

프롤로그 104

서평 106

작가의 말 108

Chapter.1 메이저 아르카나

#0   나의 길   바보   112

#1   마음껏 상상하라   마법사   114

#2   새침한 그녀   여사제   117

#3   구름위의 나날들   여황제   120

#4   그대는 아는가?   황제   124

#5   나에게로 오라.   교황   127

#6   시크릿(Secret)   연인   130

#7   어떤인연   전차   133

#8   부드러움으로 맞선다!   힘   136

#9   나만의 길   은둔자   139

#10   시절 인연   운명의 수레바퀴   142

#11   처음 사랑 그리고 처음 순간   정의   145

#12   멈추면 보이는 것들   행맨   148

#13   오늘 헤어졌어요   죽음   152

#14   열정과 냉정사이   절제   155

#15 You're my everything 데블		158
#16 추락 탑		161
#17 너는 반짝이는 별이 될 거야 별		164
#18 잠수 달		167
#19 까르비네 쇼비뇽 태양		169
#20 재회 심판		172
#21 The World 세계		175

Chapter.2 마이너 아르카나

(1) wands

#1 그녀를 만나러 가야겠다 Ace of Wands	180
#2 열정 Two of Wands	182
#3 큰 세상으로 Three of Wands	184
#4 축배 Four of Wands	186
#5 사춘기 Five of Wands	188
#6 행복한 뉴스 Six of Wands	190
#7 내가 더 위에 있어 Seven of Wands	192
#8 이미 오고 있어 Eight of Wands	194
#9 은둔자 Nine of Wands	196
#10 잘 할 수 있을 거야 Ten of Wands	198

(2) Cups

#1	마음을 열어	Ace of Cups	202
#2	인연	Two of Cups	204
#3	축배를 들라	Three of Cups	206
#4	무기력	Four of Cups	208
#5	실망	Five of Cups	210
#6	미련	Six of Cups	212
#7	로또	Seven of Cups	214
#8	잠시 떠날게	Eight of Cups	216
#9	나만의 만족	Nine of Cups	218
#10	무지개	Ten of Cups	220

(3) Swords

#1	관찰	Ace of Swords	224
#2	목소리	Two of Swords	226
#3	그리움	Three of Swords	228
#4	다시	Four of Swords	230
#5	가면	Five of Swords	232
#6	같이 가자	Six of Swords	234
#7	비밀 연애	Seven of Swords	236
#8	경력 단절	Eight of Swords	238
#9	잔소리	Nine of Swords	240
#10	다시	Ten of Swords	242

(4) Pantacles

#1	그녀가 행복했음 좋겠어	Ace of Pantacles	246
#2	균형	Two of Pantacles	248
#3	갑진(甲辰)이 그대를 부른다	Three of Pantacles	250
#4	구두쇠	Four of Pantacles	252
#5	고개 숙인 남자	Five of Pantacles	254
#6	캥거루 족	Six of Pantacles	256
#7	욕심	Seven of Pantacles	258
#8	집중	Eight of Pantacles	260
#9	골드미스	Nine of Pantacles	262
#10	빈 둥지 증후군	Ten of Pantacles	264

Chapter.3 Court cards

(1) 컵(CUPS) 코트카드

#1	나르키소스(Narcissus)사랑받는 사람	Page of Cups	270
#2	감정을 전달하는 너	knight of cups	272
#3	집착	Queen of cups	274
#4	만인의 연인	king Of cups	276

(2) 완드(WSNDS) 코트카드

#1	개척자	Page of wands	278
#2	용감한 연인	knight of wands	280

#3　슈퍼맘 콤플렉스　　Queen of wands　　　　　　282

　　　#4　대지주　　king of Wands　　　　　　　　　　284

(3) 소드(SWORDS) 코트카드

　　　#1　미숙한 사랑꾼람　　page of swords　　　　　　286

　　　#2　앞으로 나가자　　knight of swords　　　　　　288

　　　#3　여성 CEO　　Queen of swords　　　　　　　290

　　　#4　독재자　　King of swords　　　　　　　　　292

(4) 펜타클(PENTACLES) 코트카드

　　　#1　연애의 시작　　page of pentacles　　　　　　294

　　　#2　돌다리도 두드린다　　knight of pentacles　　　296

　　　#3　여왕의 금화　　Queen of pentacles　　　　　　298

　　　#4　황소고집　　king of pentacles　　　　　　　　300

타로 속 그림이 무서운가요?　　　　　　　　　　　　　302

Chapter.4 배열법　　　　　　　　　　　　　　　　307

에필로그　　　　　　　　　　　　　　　　　　　　314

 프롤로그

흐린 봄 하늘을 보면서 감성에 또 젖어있는데요. 많은 타로를 경험하고 주변의 다른 타로 마스터 분들도 뵈면서 제가 느꼈던것은 타로마스터의 직관력과 상상력은 타로 카드를 해석하는데 매우 중요한 영향력을 준다는 것입니다.

키워드는 같을 수 있으나 해석하는 것에는 본인만의 색깔이 있다 였습니다. 같은 것을 한다해도 다 똑같을 수 없다는 걸 느끼게 되었습니다. 이렇게도 생각할 수 있고 이렇게도 상상되어질 수 있어 이런 키워드도 있었어요. 이런 느낌도 있었네요. 이것들을 나만의 색깔로 공유하고 싶었습니다.

제가 인생에서 가장 잘 했던 일이야말로 이 인생 타로를 만났다는 것인데요 타로를 매일 만지고 사랑하는 일인으로써 드리고 싶었던 타로시의 여정을 이렇게 시작하게 되었어요. 관심과 사랑주셔서 감사합니다.

당신은 인생의 봄 여름 가을 겨울 어디에 와 있습니까? 진정한 타로마스터 분들과 함께 힐링의 세계로 들어오세요. 타로를 사랑해 주시는 모든 타로 마스터님들에게도 박수를 보내드립니다 매일 매일 감사합니다.

2023.06

타로마스터 시절인연

 서평

타로와 연을 맺고, 많은 서적, 많은 사람들을 만나며, 타로가 우리에게 주는 많은 메세지를 주고 받았습니다. 많은 군상들 중에 유독 타로에 진심인 사람들이 있었고, 그 중 시절인연 '안시현'님도 계셨죠.

삶의 파도를 위태롭게 넘나들며, 수많은 현장에서의 경험들이 거센 비바람 뒤 무지개와 같은 감성을 통해 여러분들께 전해집니다.

시절과 인연.
지나고 나서야 비로소 알게 되는 것.
지금 너무 힘들고, 앞이 보이지 않는 다면 이 책과 함께 잠시 쉬어가시길…

타로 시에서의 신선함 느낌도 함께 가져보신다면 좋겠습니다.
그녀를 찾는 상담자들이 먼저 읽고 반해버린 타로시집으로도 꼭 만나보시길. 타로에 대한 깊은 애정과 또 다른 느낌의 타로 해석에 감상까지 같이 가져가신다면 더욱 좋겠습니다.

유니버셜타로 컬러타로 강의. 동국대학교 미래융합 교육원.
한양대학교 미래인재 교육원 타로심리상담과정 **권우진 교수**

    선생님이 재능기부를 하실 때 만나서 타로에 조금 더 관심을 가지는 계기가 되었어요. 타로가 이렇게 많은 이야기들을 가질 수 있구나 하면서 재밌게 흥미롭게 흘러가듯 작품을 보았어요. 에세이를 통해 나 자신을 보는 듯하고 친구가 생긴 것 같았네요. 지나온 인생에 대해 인연에 대해 한 번쯤 물음을 가지셨던 분들이라면 일상 속의 잔잔한 이야기로 마음의 쉼을 얻게 되실 거예요.

    당신은 어떤 인생의 계절을 걷고 계시나요? 꽃이 피고 열매가 맺는 시기로 가려면 봄여름을 잘 보내야 결실로 가듯이 78장의 인생 여정은 때론 진지하게 때론 가볍게 삶을 살아가는 지혜를 보여줍니다.

    타로라는 것에 대해 선생님만의 시선을 일상적 표현으로 쉽게 접근하게 해주는 따뜻한 글들이었어요.

여성 기업인 경영학박사 **유세아 드림**

 작가의 말

　흔히 사람의 생을 여행이나 항해, 시계바늘 등에 비유합니다. 즉 우리 모두는 시간이란 거대한 흐름 속에 각자의 운명을 따라 어디론가 이동해 가는 어떠한 존재라는 의미일 것입니다. 그렇게 시간 속을 떠가다 보면 어떤 인연들은 만나고, 또 어떤 인연들은 부딪히며, 어떤 인연들은 사라져갈 것입니다. 이렇게 시간의 강을 따라 흘러가는 우리는 이 강의 끝을 알 수 없기에 때로는 불안하며 그 불안으로 말미암아, 나의 길을 안내해 줄 나침반 같은 무언가가 종종 필요합니다. 그것이 누구에게는 신조이며 누구에게는 신념일 수도 있고, 믿음이거나 사상일 수도 있겠습니다.

　메이저 아르카나는 '거대한 비밀'이라는 라틴어 '책상의 서랍'이라는 의미에서 유래되었습니다. 그 후 숨겨진 것 비밀 신비라는 '신비적인 물건'으로 불리게 되었습니다. 0번 바보(The Fool)부터 21번 세계(The world)까지 바보가 경험으로 성장하며 운명의 수레바퀴를 거쳐 책임과 의무를 경험하며 자아 성취로써 세계로 성장해 나가는 모습을 보여주지요.

　마이너 아르카나는 메이저 아르카나를 제외한 56장으로써 작은 흐름 사소한 일 작은 사건이라 불리며 4종류의 슈트(suits)로 각 슈트마다 14장씩의 구성으로 이루어집니다. 주변 환경이나 관계 갈등 등이 일어납니다. 78장의 인생 여정은 우리에게 삶을 어떻게 살아 갈까?에 대한 물음과 또한 삶을 살아가는데 필요한 지혜를 보여줍니다.

　완드 계열의 봄의 시작과 마무리, 컵스 계열의 여름의 시작과 마무리, 검 계열의 가을의 시작과 마무리, 펜타클 계열의 겨울의 시작과 마무리. 당신은 어떤 인생의 계절을 걷고 계신가요? 우린 때로는 시간이 지나면 해결될 문제를 안고서 밤을 지새우고 고민하기도 하며 느닷없는 폭풍우와 우박으로 열매를 모두 땅에 떨어뜨리고 눈물로 지새우기도 합니다.

　오면 오는 대로 알아서 받기도 하고 가면 가는 대로 떠나보낼 줄도 알아야 하고 때로는 천재지변처럼 닥친 일들에 다시 시작해야 하는 순간들도 닥칩니다. 타로는 인생입니다. 꽃이 피고 열매가 맺는 시기로 가려면 봄 여름을 잘 보내야 결실로 가게 되는 것처럼 우리는 매일매일 심리적으로 정신적으로 많은 고민을 가지고 살아갑니다. 일상생활 속에서의 마음을 타로카드로 풀어보는 경험은 삶을 점치는 도구로서 보단 마음을 들여다보고 지혜를 얻는 부분으로 이해되길 희망하며 타로와의 이야기를 통해 자신의 삶을 조금 더 이해하는 계기가 되시길 마음 깊이 바랍니다.

Chapter.1

메이저 아르카나

#0 나의 길   바보

▶ 그림으로 이해하기 ◀

광대는 시작을 의미하는 카드이다.

　숫자 0은 행동은 했지만 실체는 없다는 의미이며 현실이 어떤 상황이든 이상을 실현하려는 의지이다. 거의 대부분에서 1번 앞에 놓이지만 때론 21번 뒤 그리고 20 / 21사이에 있기도 하다. 언덕 위에 있다는 것은 어떤 방향으로 던 떠날 수 있다는 것이며 위험과 두려움을 가지지 않고 나간다는 의미이기도 할 것이다. 순수하고 밝은 여행자 구속에 얽매이고 싶지 않은 자유로운 모습이다.

방랑벽 홀가분한 자유정신
　자유연애, 순수함, 단순함, 낙천적, 현실도피, 경솔함, 가벼움 누가 머라 해도 괜찮다. 나는 이 길을 떳떳이 가련다.
나는 모든 것을 버렸다. 찬란하던 금빛 왕관도 내 사랑도 내 눈물도.

나는 믿는다. 나의 새로운 시작을 손에 잡히지 않는다 한 들,
아픔의 가시밭길이라 한 들, 그 길이 어떤 길이라 한 들,
나는 나의 길을 갈 것이다.

모든 것을 내려놓았다고 생각했는데 아직도 버릴 게 있었다니
나는 봇짐 하나면 된다고 생각했건만 여전히 욕심을 부리고 있구나.

나는 떠나련다. 모든 욕심을 버리고 자유의 세계로.
이미 모험은 시작되었다.

어떤 역경이 나를 맞이해 준다 해도 나는 두렵지 않다.
나는 나 이여서 행복하니까 오늘도 나의 길을 가련다.

#1 마음껏 상상하라   마법사

▶ 그림으로 이해하기 ◀

마법사는 무엇이든 알고 있는 사람 능력자이다.
    자신의 능력을 잘 발휘할 수 있는 사람이다. 사건을 능력으로 자신 맘대로 할 수 있으니 마법사는 사기꾼의 이미지를 가지기도 한다. 자신의 능력을 과신해서 실수를 저지를 수도 있는 카드이다.

사교적인 의사 멘토 치유(치료)
    손재주가 있는, 창조적인 시작, 자신감 매력적인, 다재다능, 사기꾼, 속임수, 거짓말, 화려한 말솜씨 그대에게는 오늘이 첫날.
아름다운 창조의 날.

그대의 무한한 생각으로 능력으로 이 삶을 지배하라!
너의 강한 마음의 힘으로 정열과 사랑으로 성배를 들어라!
너의 끝없는 지혜로 검을 지배하라!

금화와 지팡이도 너를 창조의 길로 이끈다.

무엇이든 너의 손으로 만들어지니 마음껏 상상하라!!
너는 마이다스의 손 어떠한 고난과 역경도 모두 지나간 일일뿐
사람들은 너의 매력에 빠져든다.

너의 강함과 화려함에 압도된다.
너의 창조로 이 세상은 너무나 아름다워지니
너는 이제 예전의 네가 아니다.

너는 이미 반짝이는 별이다.
새로운 세상은 이미 너의 창조로 완성되니
너는 모든 것을 반짝이게 만들어 낸다.
이제 그대에게 눈물은 없다.

보라!! 새것으로 탄생하였으니 너의 날들을 즐겨라.
무엇이든 마음껏 상상하라!
무엇이든 창조하라!

#2 새침한 그녀   여사제

▶ 그림으로 이해하기 ◀

토라(TORA)를 든 여인

　지식과 진리를 추구하며 근엄하고 도도하다. 긴 옷으로 감싼 그녀에게서는 말 못 할 사연 감당하기 어려운 일이 있겠다 느껴집니다. 자애로움이 있는 비밀스럽고 고결한 여황제와 비교를 한다면 여황제가 편안하고 안락한 분위기 라면 여사제는 속내를 알 수 없는 새침데기 이미지이다. 능력이나 지혜는 많으나. 사랑에서는 기다려야 하거나 짝사랑이 많다.

가슴앓이 아픈 사랑, 지식, 지혜, 상담, 비밀, 사연, 도도함, 교육, 심리, 합격, 문서, 내면적 갈등

새침한 그녀.
그녀는 언제나 속내를 잘 드러내지 않아 속만 태우게 돼.
도도한 그녀는 자존심의 끝판왕이지.
비밀이 많아서 다가가기가 힘든 너무나 아름다운 그녀.

그녀는 옷으로 온몸을 휘감고 감정도 마음도 숨기고 있는지도 몰라.
그녀도 마음의 방황이 있을지도 몰라.
그런 그녀에게 인간으로의 희로애락이 가능한 것일까?
그것을 꿈꾸고 있지는 않을까?

그런 그녀는 다가가기는 어렵지만 눈부시게 아름다운 분
나의 짝사랑이지. 이루어질 수 없는 슬프도록 아름다운 그녀.
그러나 그녀는 토라를 든 지혜의 여신이지.

신의 권한을 부여받았으니 드러내지 못하는 사랑이지.
그녀로 화합되고 그녀로 갈등되는 나는 항상 짝사랑.

언제나 그녀 곁에서 맴돈다.

항상 그녀를 바라볼 수밖에 없는 나.

따뜻한 계절이 다시 올 수 있을까?

#3 구름위의 나날들   여황제

▶ 그림으로 이해하기 ◀

풍성한 보리밭 석류(여성성의 상징)
　　권위의 상징인 왕관과 곤봉, 편안한 표정, 임신(소득 이득), 대지가 주는 풍요로움을 여황제는 가지고 있다. 추수를 기다리는 황금 밀밭이 아름다워 보인다. 강한 모성애도 있으며 자신의 힘으로 이룬 것이 아니기에 풍요의 가치를 모르고 낭비하거나 사치하는 경우도 있다.

풍요 임신 선물 상속, 사치 시기 질투, 다산 모성애 소유 집착, 편안함, 나태함, 게으름

나는 내가 가진 모든것을 사랑해.
난 태어날때 부터 모든것을 가지고 태어났지 돈 명예 사랑.
그건 나의 모든 것. 태어날 때부터 부여받은 아름다운 삶.
바로 구름위의 나날들.

다른 사람들은 감히 엄두도 못내지 나의 아름다운 이 자리.
거역할 수 없는 나만의 이 자리.

나는 사랑해.
나는 노래해.

나의 고귀하고 아름다운 우러러 보는 삶.
나의 생명력과 나의 안락함에 나의 명예에 모두들 고개를 못 들어
나에게는 처음부터 부여된 아름다운 삶.

12개의 별로 탄생된 나의 아름다운 왕관.

그리고 나의 곤봉. 창조주가 주신 나의 아름다운 석류의 의상까지
생명력과 다산의 힘까지 가진 나에게는 불가능이 없네.
모두 노래를 불러라.

나를 바라보라 나의 아름다움과 풍요로움을 여유로움을.
나는 이 자리에서 움직이지 않아도되네 모든것이 가능하네.
나는 선택받은 여황제.
선택받은 삶.

태어날 때부터 아름다운 나.
모두 노래를 불러라.
나의 아름다움을, 나의 풍요를.

나는 풍요의 여신. 땅의 여신.
제우스에게 받은 풍요의 뿔.
코르노코피아(comucopia)를 깔고 앉았네.
나는 거역할 수 없는 풍만함을 아름다움을 갖고 있지.
모두들 나를 사랑하네.

나의 삶은 구름위의 나날들 어찌 거역할수가 있겠나.
나의 매일은 구름위의 나날들

아~~아름다워라~~!
아~~아름다워라~!

아무도 흉내내지 못 할 삶이어라.
나의 아름다움이어라.

#4 그대는 아는가?   황제

▶ 그림으로 이해하기 ◀

황제는 카리스마와 리더십 그리고 책임감이 있다.
    황제의 자리는 자연스럽게 유지된 자리가 아니라 물려받은 자리 반란을 통해 성취된 자리 보수적이고 엄격할 수밖에 없다. 카드가 나왔다면 진중하게 오래 만날 가능성이 높다 문서 계약 매매 사업 직업에 대한 것이라면 긍정적인 경우가 많다. 신경 쓸 일이 많고 스트레스 많다.

권위주의 보수적 일인자 자수성가, 책임감 완고한 고집 개척 통솔, 가부장적 카리스마 스트레스

그대는 아는가? 나의 고뇌와 눈물을.
동트는 새벽녘에 맡아야 했던 피비린내
그 많았던 창과 칼에 스치는 번뜩이는 기운들을.
그 칼날의 기운에 나를 맡기고 사랑도 눈물도 다 버렸다.

이곳엔 칼 날의 서늘함만이 이곳에선 서툰 감정들은 버려져야 한다.
나에겐 한 길만 있어야 한다.

그대는 아는가? 내 두 어깨를 짓눌렀던 이 무게를.
나는 올라가야 한다. 패배는 있을 수 없다!
나는 걸어야 한다. 멈출 수 없다. 나에게 오늘은 마지막 삶.
산산이 부서지더라도 나는 걸어야 한다.

그대는 아는가? 나의 이 스퀘어. 그토록 바라던 나의 이 스퀘어. 신이시여! 정녕 이 자리는 나의 것이 맞단 말입니까? 나는 살아야 했고 나는 살아남아야 했다.

자욱한 피비린내가 사방에 진동하더라도 나는 지켜야 했다.
신이시여 모든 영광을 당신께 드립니다.

아들아 사랑하는 내 아들아
너에게 주는 이 자리는 나의 피와 눈물의 자리
나는 너를 위해 지킬 것이다.
너는 나의 아킬레스 너에겐 눈물이 없어야 한다.
너는 항상 아름다워야 한다.

어느 날 잠에서 깨었을 때 한 줄기 눈물이 흘러내렸다.
이 눈물의 의미는 무엇이란 말인가?

더 강해져야 한다 더 더 강해져야 한다.
나는 오늘도 지켜야 한다.
나의 힘은 신과 맞먹고 나의 권위는 하늘을 찌른다.

나를 따르라!!
나에게 반역은 있을 수 없다!
절대 갑옷을 벗지 않는다.
눈물의 이 자리를 지켜야만 한다.
신이시여 제게 무한한 힘을 주소서!

#5 나에게로 오라 교황

▶ 그림으로 이해하기 ◀

올해의 카드에 교황이 나왔다면 남 눈치 그만 보세요.
 남 눈치를 보느라 정작 자기 자신은 못 돌볼 수도 있겠습니다.

구세주(귀인), 텃세, 판사, 교주, 공부 많이 함, 체면 중시, 동맹, 결혼, 갈등의 원인, 우유부단

당신의 내면을 들여다보세요.
당신의 자아를 느끼는 것을 두려워하지 마세요.
당신의 감정은 지금 어떤가요?

나는 당신의 길을 진정한 삶으로 이끌어주고 싶습니다.
당신이 평온해지길 기도드립니다.

축복합니다!
나는 그대에게 도움을 주고 싶은 교황.
당신과 영적으로 함께하기 위한 나는 준비가 되어 있습니다.

나는 숨겨진 욕망을 버려야만 합니다.
나는 감정을 드러내지 못합니다. 당신에게 드리는 이 신뢰 이것을 위한다면 부도덕한 모든 것은 버려져야 합니다. 마음이 아픈 사람들이여 나에게로 오라. 내가 너의 아픈 마음을 만져주니 온 마음과 영혼을 다해 나를 찾아준다면 나는 당신의 길을 진정한 삶으로 이끌어 드립니다.

그러나 선택은 그대의 그대의 몫. 나는 열쇠를 제시합니다. 그대는 이제 선택을 하면 됩니다. 이제 선택이 시간이 왔습니다. 갈등을 버려야만 합니다.

축복하노라! 나에게로 오라.
신이시여. 과연 당신이 보시기에 합당합니까?
나는 그들을 위해 부도덕한 모든 것을 버려야만 합니다.
나의 감정을 버려야만 합니다.

신이시여 부디 저를 버리지 마소서

#6 시크릿(Secret)   연인

▶ 그림으로 이해하기 ◀

연인 카드는 사랑에 대한 카드이다.
　그 사랑이 반드시 적절한 사랑임을 의미하지는 않는다. 시크릿 덱에서는 두 명의 여자가 등장하며 리딩 시에도 삼각관계나 불륜이 등장하는 경우도 있다.

사랑, 결혼, 달콤한 제안, 유혹, 여자친구가 남자친구를 사귀어야 할지 고민, 자신의 마음을 몰라주는 이성, 여자친구의 눈 높이가 높은

▶

어떻게 해야 할까? 내 맘을 나도 모르겠네.
우연히 만난 그녀가 내 마음을 온통 흔들어 놓았네.
우린 에덴동산의 아담과 이브. 뱀의 유혹을 받아들여야만 하는 것인가?

그녀는 밝은 아름다움이지 그리고 내게 웃음을 주지.
그녀는 너무 아름다워서 눈이 부시지. 유혹의 그녀는 또 다른 매력으로 나를 흔들어놓네.

불의 나무여 12개의 불의 열매여 이 땅에 태어날 12개의 별자리여 부디 나에게 답을 주어라.

떠오르는 태양의 반은 우리의 몫, 우리의 사랑으로 채워갈 것이니 사랑은 그렇게 시작된다.
시크릿, 사랑은 이미 시작되었네.

나의 은밀한 시크릿 네게 반한다.

뱀의 유혹을 받아들여야만 한다.

나는 어떤 가시밭길도 걸을 준비가 되었나니
너는 내 사랑 멈출 수 없는 내 사랑.

나의 시크릿.
붉은 날개의 천사여, 붉은 날개의 천사여.
우리의 만남을 축복해 주소서.

우리의 사랑은 멈출 수 없는 사랑.
뱀의 유혹도 두렵지 않으니 운명처럼 만난 그녀에게
나는 정신을 잃었네.

나의 시크릿
누구에게 말하지 못할 사랑.
두 가지 사랑 모두 아름다운 사랑.
나에겐 똑같은 사랑.
나는 어떤 가시밭길도 걸을 준비가 되었나니.

유혹의 아름다움이여 멈출 수 없는 내 사랑이여 나의 고뇌여.

#7 어떤인연   전차

▶ 그림으로 이해하기 ◀

겉은 강한 척 하나 속으로는 갈등이 있는 장수
　장수는 황제를 위해서 승리해야만 합니다. 결국 그는 이인자이며 살기 위해 오직 승리를 해야하는 전장의 장수입니다.

라이벌 의식, 패기, 미숙함, 경솔함, 목표 달성, 조정과 타협

▶
당신과 나는 어떤 인연이었을까요?
이루어질 수 없는 인연이었을까요?
이루어질 수 없는 큰 강을 두고 그대를 바라만 본다.

나의 모든 것을 쏟아부은 지난날, 젊고 강한 나.
월계관을 쓰고 있는 나.
달리고 또 달렸네.

나에게 버틸 힘은 오직 당신.
그러나 나는 당신을 바라볼 수밖에.
달려가고 싶다 그대에게로.

나에겐 오직 승리만이 수많은 별들의 길.
 스핑크스의 지혜.
승리의 기쁨을 나누자.

오늘도 외로운 이 전차 위 나는 항상 이 자리.
두 번째일 수밖에 없는 이인자의 삶
이 슬픈 숙명 (宿命) 슬픈 인연(因緣)

나의 꿈은 일인자.
달리고 달려서 다시 인연은 계속되어야 한다.
그녀는 나의 인연

#8 부드러움으로 맞선다! 힘

▶ 그림으로 이해하기 ◀

상대와 교감을 이루는 카드로는 최고의 카드이다.
　여성이 남자(사자)를 다스림에 시간이 걸리고 힘들지만 보람을 느낀다
내공, 인내, 부드러운 카리스마, 두려움을 이겨냄, 남자를 칭찬해 다스림.

당당히 맞서라 너의 부드러움으로
너의 뫼비우스 띠의 무한함, 부드러운 능력으로
너의 앞에서 이미 사자는 사자가 아니다

사자를 안아라
너의 포옹력으로, 이건 너만 할 수 있는 능력
월계관과 장미의 허리띠로, 부드러운 카리스마로
모두 너의 부드러움에 녹아버리니
너의 용기에 박수를 보낸다
너의 자신감에 모두 반한다

당당히 맞서라
지금은 어려움일지라도 너의 능력으로 어려움을 지배한다
너의 부드러운 힘은 최고의 힘
세상을 밝게 만든다

너는 인내한다. 시간이 필요하다.
그러나 너는 결국 경지에 오르게 된다.

아름다운 너. 너의 담대함으로 사자와 소통한다.
사자의 마음을 어루만지는 너는 이미 두려움이 없다.
너로 인해 세상은 따뜻하게 변하니 너의 아름다운 소통으로
사자의 욕구를 다스린다. 사자의 욕망을 다스린다.

너의 힘은 무한한 힘.
세상을 밝게 만드는 힘.

너의 아름다운 잠재력.
남들이 하지 않는 어려운 선택.
고통의 속에서 꽃을 피우는 강하고도 아름다운 너.
너는 세상을 밝게 만든다!

너의 앞에서는 이미 사자는 사자가 아니다.
당당히 맞서라!! 너는 힘의 여신.
사자를 지배하는 힘의 여신. 두려울 게 없구나.

#9 나만의 길   은둔자

▶ 그림으로 이해하기 ◀

한 우물을 깊게 파는 전문가나 마니아와도 가까운 유형이다.

자아성찰 숨어서 피하는 지식인
　수행, 전문성, 고립, 사색, 성찰, 조용한 연애, 조용한 상담

🌒
지팡이와 등불을 들고 어둠을 걷는다.
어찌 그리 힘든 길이었던지 돌고 돌아서 다시 이 길로.

진정한 나와 만나는 길. 차가운 세상의 길.
스스로와 대면하는 칠흑같이 어두운 길.

어둠 속에서의 한줄기 빛.
나를 만난다. 나의 내면을 깨운다.

나는 산속 홀로 자유인.
산과 함께하는 자연인.
방랑자 여라.

나는 외톨이. 도포를 입고 산기슭을 헤매는 은둔자.
나에게는 매번 어려운 사랑의 길.
그토록 어려웠던 만남 그리고 애달픈 사랑의 길.

나의 손에는 희망의 등불. 희망을 찾아.
꺼지지 않는 등불. 또 다시 희망을 찾는다.

지혜와 경험은 나의 무기.
번뇌와 나의 고통들, 지나간 많은 시행착오 나의 눈물들.

나의 사랑은 언제나 지금부터다.
나의 사랑은 지금 시작이다.
나는 변화를 꿈꾼다.

오늘도 걷는다.
등불 하나 들고 나만의 길 그 어두운 길 속으로

#10 시절 인연 운명의 수레바퀴

▌그림으로 이해하기◀

시작은 다시 수레바퀴처럼 원점으로 돌아오고 이것은 또 다른 시작을 의미한다.

    운명의 카드는 그렇게 흘러갑니다. 수 많은 생로병사, 누구도 어길수 없는 변화입니다. 때로는 고난이 있고 때로는 상승기도 있습니다. 이 카드는 변화, 변동이 있을 수 있는 카드이며 긍정과 부정을 모두 갖고 있지만 행운의 카드이기도 합니다. 변화는 또 다른 경험을 제공하고 그리고 그것을 통해 성장합니다.

전환기, 희로애락, 배움, 공부, 외국 이동, 변화

▶

어떤 인연이기에 이렇게 만나서 또 머무르다 스쳐가는가
어제는 그 인연으로 한없이 행복했었기에
오늘은 이 아픈 마음 조각으로 다시 너에게 돌아간다.
운명의 수레바퀴 다시 또 돌고 돈다.

만나고 헤어지는 모든 것이 시절의 때에 이르니
별처럼 아름답게 다가왔다.
다시 별처럼 아스라이 사라져 간다.

모든 것에는 때가 있으니 붙잡지 못하는 인연.
가슴을 친다 한들 영원한 것이 있을까?

창밖으로 불빛이 하나둘씩 꺼져간다.

내 아픈 인연이 불빛처럼 하나씩 꺼져가면,
다시 시절 인연을 만나게 되니.

모든 것은 순리대로 흐르나니.

모두 다 아름다운 인연법.
조금 덜 멍들고
조금 덜 아프길.

다 놓고 돌아설 인연이라도
조금 덜 멍들고
조금 덜 아프길.

지금 아름답지 않다고 그대 울지 말아요.
시절 인연의 때가 이르면 만개(滿開) 할 테니.

우리 인연 돌고 돌아 다시 만나요.
만개(滿開)의 그 날.
눈부시게 아름다운 날.

시절 인연은 또 그렇게 흐른다.

#11 처음 사랑 그리고 처음 순간 정의

▶ 그림으로 이해하기 ◀

정의의 카드. 정의의 여신 디케는 공정한 판결을 한다는 의미가 강하다.
  어느 쪽으로 치우치지 않고 정도를 걷는다면 좋은 친구도 가능하다. 옳고 그름이 뚜렷하다. 남녀관계의 법적 이슈인 결혼 혹은 이혼의 경우도 있다.

애인관계에 서로의 의견과 입장을 지켜주고 옹호한다.
  공평함, 결단의 시기, 냉정, 이성, 공정함, 법적 이슈 정리, 평등, 심판, 정확함, 정직한

🌢

처음 사랑 그 설레던 순간

저 멀리 횡단보도 건너 그의 모습
심장이 콩닥콩닥 뛰던 설레던 순간

조금 어색하기도 조금 기대하기도
온통 핑크빛으로 물들던 눈빛으로도 말을 했던 처음 순간들.

그 핑크에 미쳤었지
그 핑크 속에서 나는 길을 잃었었지
내 생각은 어느새 너의 생각 같아져 버렸지
그 떨림들 그리고 기막힘
그래서 핑크였겠지

봄바람이 일렁이면 가슴 뛰었던 핑크빛 감정들이 다시 춤을 춘다
너와 나의 지난 사랑 속 그 기억들 아름다웠던 날 들

우린 이제 그날들은 간직한 좋은 친구가 되어주기로 했다.
강해야 할 때는 강하게, 부드러울 때는 부드럽게
때로는 연인처럼, 때로는 저울과 칼의 정의 속 친구처럼
딱 나온 결과 만큼만, 위기와 갈등을 겪으며 여전한 칼과 저울 속

나는 나
너는 너
그리고 우린 사랑한다.

그렇게 해 질 녘 속에서 다른 모습으로 손을 잡았다.
우리의 힘 조절은 영원할 수 있을까?

나는 나
너는 너
그리고 우린 여전히 사랑한다.

#12 멈추면 보이는 것들   행맨

> 그림으로 이해하기

주변 상황을 따져보라.
  그의 영문자 P를 닮은 다리 모양은 침묵의 대표적 표현이다. 손발은 묶여있지만 머릿속으로는 많은 생각을 하며 스스로 내부를 발전시킨다.

일반적으로 자기가 원해서 하는 희생.
  정체, 재충전, 와신상담, 기다림, 응급환자, 남과 다른 역발상

모든 것은 멈췄다

사랑도 눈물도 고뇌도 시간은 이렇게 멈췄다

어제 나에게 손짓하던 이들도 돌아서 가고

소중했던 사람들도 비수같은 칼날의 언어들을 보냈다

너무 아파서

조금 더 잘해봐

그것밖에 못하니

눈치가 그렇게 없니

너가 할 줄 아는게 뭐야

대체 생각이 있는거니

그건 또 어떻게 기억했대

그 나이 먹도록 인생 헛 산거니

잘 하는게 뭐니

이 똥손아
어차피 또 그렇게 될텐데 뭐
다 너 때문이야

상처의 말들도 흘러가는 시간 속에 모두 맡긴다.
내 시간은 멈췄다

괜찮아 할 수 있어
지금부터 시작이야
그게 뭐 대수니
너가 제일 소중하단다
밥은 먹은거니
어쩜 그렇게 잘 하는게 많니
누가 그랬어!
네가 어떻다 한들 난 항상 네 편이야 힘내
사랑한다
사랑의 말들도 떠오른다
기다리고 인내 한다
그럼에도 불구하고 유연한 사고
생명의 나무에 스스로 묶었으니 스스로 기다리고 인내하라

붉은스타킹은 그동안 경험들을 묶고
푸른색 셔츠로 지혜와 지식을 알아간다.

침묵한다. 멈추면 비로소 보이는 많은 것들이 지혜롭게 해준다
묶여있는 나를 보고 손가락질해도 좋아
그럴줄 알았어 그만큼이지
뭘 해도 넌 안돼라고 말해도 좋아

밝게 빛나는 날들을 위해 생명의 나무에 나 스스로를 묶었다

멈추면 보이는 것들
부끄러워 눈물이 흐른다 많이 부족했어서 눈물이 흐른다

#13 오늘 헤어졌어요   죽음

▶ 그림으로 이해하기 ◀

데스 카드는 죽음이지만 진짜 죽음이 아닐 수 있다는 의미도 있다.

질서의 무너짐과 과거의 종결
　새로운 시작, 실업, 죽음, 헤어짐, 체념, 단념, 고통을 수반한 시작, 힘든 시간, 무서운 사람, 기선제압

끝났어.
믿을 수 없었지만 오늘 헤어졌어.
바보 같아서 그렇게 물끄러미 바라보기만 했어.

짜증스러운 너의 말투, 너의 모습을 물끄러미 바라보기만 했어.
하고 싶던 말은 목구멍으로 삼키고 뭐가 그렇게 싫은 거니
뭐가 그렇게 맘에 안 든거니

사람은 누구나 다 힘들어
나라고 늘 좋진 않았는데 그래도 늘 네 생각 먼저였다는 걸

오늘 헤어졌어

돌아오는 길 눈물이 터졌어
며칠 전까지는 분명히 웃어준 것 같은데
미웠어 나쁜 사람이야

정말 이기적인 사람이야

내 마음도 모르는 너를 원망했어

여러 번 난 내가 잘못이라고 잘해야 한다고 그렇게 생각했었지

널 원했으니까 얼마나 변하려고 노력했는지 몰라

눈물이 터졌어

그 모진 말들이 내 가슴에 가시로 박혀서 너무 아파서

하염없이 뒤척인다

어떻게 해야 할까 이렇게 아픈 게 맞는 걸까

오늘 헤어졌어

난 안갯속을 걸어

난 안 할 거야 너무 힘들어 지쳤어

아무렇지 않을 거야 괜찮아

시간이 흐르면 될 거니까 이 영화는 언젠가 끝날 거야

정지될 거야 오늘이 지나면 다 잊을거야

우리 헤어졌어요.

#14 열정과 냉정사이 절제

▶ 그림으로 이해하기 ◀

한 쪽에 치우침이 없이 물을 잘 섞는 모습의 천사
  섞인 물은 다른 새로운 물로 탄생하고 이것은 부활, 창조를 의미한다.
  두 개의 다른 것을 섞는 것은 타협이나 중재의 의미이고 절제와 인내가 필요함을 이야기해 준다

속 마음을 내 비치치 않음
  균형, 융합, 절제, 동업, 교류, 절충, 타협

그해 여름 뜨겁던 열정에 빛나던 하루하루가 아름다웠었지

눈부신 그녀는 나의 기쁨 매일이 행복이었는데

다음 해 겨울
너무나 냉정했던 차가운 모습에 마치 길을 잃은 어린아이 처럼

그 해 겨울
열정과 냉정 사이에서 길을 잃었지
푸르렀던 가슴은 그렇게 빛 바래짐으로

뜨거운 물과 찬물이 섞는 나는 공정한 사람
열정과 냉정의 사이에서 살아나는 나의 감정
나는 부드럽게 상황을 중재하는 중재자
나는 물처럼 부드러워거야

섞인다는 건 중도(中道)로 가기 위한 아름다운 고뇌
나는 준비가 되어있어 예전의 내가 아니지

오늘도 나는 열정과 냉정의 사이를 오가는 부드러운 사람
나의 계절이 오면 오면 숨기지 않고 말할 거야
힘들었지만 이 중도(中道)의 길을 난 선택했다고

하지만 난 말하지 못했어 당신이 떠날까 봐

서로 다른 생각을 가진 우리는
열정과 냉정 사이에서 답을 찾는다
그토록 오랜 시간과 고뇌로
완전한 의식도 무의식도 아닌
딱 그 안 중도(中道)에서 우린 하나가 된다

가장 젊었고 가장 아름다웠던 철없던 시절
그때로 돌아간다면 나는 그녀를 놓치지 않을 수 있을까
다시 사랑할 수 있을까

#15 You're my everything 악마

> 그림으로 이해하기

욕망에 충실한 마음과 자신을 컨트롤하지 못함을 말한다.
  나체의 남녀 목에 감겨있는 쇠사슬이 느슨하지만 도망치지 않는다.
  강박에 사로잡혀 서로를 집착한다.
도화살에 해당되는 카드(알몸 끼발산 미모 솔직한 화려한)
  질투, 데이트 폭력, 끝없는 욕망, 음탕한 성관계, 강박증, 구속, 집착

넌 항상 거짓말을 해

나를 사랑한다 말하지만 네 눈빛 네 표정을 봐

넌 내가 제정신이 아니라 하지만

그러면서 거짓말을 해

같은 공간의 너에게서 다른 향기가 나

다른 사람의 낯선 향기

인간들은 뱀의 유혹을 뿌리치지 못하고

선악과를 먹고 전성과 부끄러움에 눈을 뜨니

너의 욕망, 너를 묶은 쇠사슬, 너의 욕심을 봐

그 검은 에너지, 음탕한 너의 유혹은 떨쳐내기 힘들어

그래도 여전히 너를 사랑하는 나

나는 포기하지 않아

가시밭길이라도 이 시간은 지나갈 거야

기다릴 거야 당신은 나의 운명

이것은 나의 끝없는 미련

이것은 나의 미련한 사랑

#16 추락   탑

▶ 그림으로 이해하기 ◀

탑은 단지 변화와 손실을 의미하기도 하지만 때로는 그런 변화가 필요하다.
　떨어지는 남녀와 타로 메이저를 상징하는 22개의 불꽃
　번개는 신의 징벌이다. 자신의 생각만이 옳다는 오만에서 벗어나라는 경고일 수도 있다.

　교만, 아집, 에고를 무너뜨림, 돌이킬 수 없는 붕괴, 이별, 영적인 각성

세상에 처음 빛을 보았을 때 나는 미숙아였고
인큐베이터 안의 칠삭둥이였다
그곳에서 오랜 시간을 보냈다

열 살 되던 해 쓰러지신 아버지를 보면서
바닥 저 밑 끝으로 어두운 바다로 가라 앉았다

꽃다운 이십 대에 그렇게 꽃 같은 사랑을 하면서
한 걸음씩 계단을 올랐지

한 층 한 층
내가 만들었던 그 계단을 눈물 젖은 땀의 계단을
그땐 내가 최고라고 내가 아니면 안 된다고
혼자만의 주문과 이기심일 수도

어느 날 왕관에 친 천둥과 번개는

오해와 거짓으로 모든 것이 추락하고 무너진다

어제의 드높던 이상과 사랑은 모두 신기루였나
잠깐의 목마름을 가시게 해 준 오아시스였을까
찢기고 떨어진 내 보석들 앞에 내가 할 수 있는 것은 없었다

무너질 줄 알면서 쌓은 탑이었을까
그 수많았던 오해와 거짓들로 한순간에 잃은 나의 모든 것
송두리째 추락한 그곳에서 한참을 아팠다

그러나 추락은 또 다른 변화
깊은 웅크림을 뒤로하고 다시 걷는다
다시 매일을 꿈꾼다
다시 시작될 새로운 세상을 그린다

한 칸씩 다시 올라가면
다른 하늘로 이어지리니

추락은 또 다른 시작을 의미하지
아프고 멍들어도 견뎌내보자
더 단단해지라는 하늘의 뜻이니

#17 너는 반짝이는 별이 될 거야   별

> ▎그림으로 이해하기

감정의 웅덩이를 상징하는 물. 끝을 알 수 없는 인간의 무의식 세계를 상징한다.
무의식의 영역인 정신으로부터 올라오는 희망을 강조하기 위해 물웅덩이에 물을 붓고 있다.

내면의 별을 깨닫고다고 건전한 여성상
희망, 새로운 시작, 인기, 도움을 주는 사람, 샛별 같은 아이디어, 건전한 양다리, 치유, 건강

바라봐. 넌 이렇게 아름다운데
거친 폭풍우가 너를 감싸니 얼마나 힘들었까

저기 저 별빛을 바라봐
지금부터 다시 하면 돼 다시 시작하면 되는 거야
비록 지금은 빈손이라도 매일매일 너의 정성은 조금씩 흘러가고 있으니
그렇게 하루하루가 지나고 어둠이 지나가면
너는 결국 반짝이는 별이 될 거야

그게 가능하겠냐고 다들 무시하고 비웃었지
하지만 너에겐 희망의 별 길잡이가 있어
멀고 아득한 길이지만 안내해주는 그 길을 천천히 걸어나가면 돼

거센 폭풍우가 너를 때려 넘어지고
두 손조차 쓸 수 없게 되더라도
절대 걸음을 멈추지 말고 별빛을 따라서 걸어가

모든 것은 순리대로 흐르니 너를 믿고 걸어가

너의 조언자 나뭇가지 위의 새들이 너를 도와주니

너의 대지는 곧 평화로와질 거야

어제 너를 아프게 했던

날카로운 가시의 말들도 간사한 그들의 가면도

시간이 지나면 알게 될 거야

너의 매력과 용기 그리고 힘을

봐 너는 이렇게 아름다운데

순수하게 새롭게 다시 태어나서

빛나는 별이 될 거야.

반짝이는 별이 될 거야.

#18 잠수   달

▌그림으로 이해하기 ▌

달은 불확실성이나 불안정을 의미한다.
 운세에서 들러리로 원치 않게 휘말리거나 연인이 잠적할 때도 나올 수 있는 카드이다

 불안한, 근심스러운, 신경피로, 삼각관계, 말 못 할 사연

그녀는 오늘도 연락 두절 알 수 없는 그녀 마음
이렇게 기다리는데 모두 부질없는 것일까

혹시 누가 생긴 걸까
불안한 마음과 생각들

모든 것을 주고 싶은데
그녀는 손바닥 위 모래알처럼 흩어져만 간다
내 손에서 멀어져만 간다

그녀는 꼭 돌아올 거야
나만 알고 느끼던 내가 반했던 순간
그 아름다운 미소를 지으며 돌아올 거야

보고픈 그녀 미운 그녀
그녀는 오늘도 잠수 중

#19 까르비네 쇼비뇽   태양

▶ 그림으로 이해하기 ◀

태양은 명쾌하고 투명한 답을 주고 물질적인 풍요로움도 의미한다.
아이의 앞길은 태양이 비추니 희망적이다.

순수한 마음, 운수형통, 마마보이, 후원자의 빽이 든든함

코 끝을 간지럽히는 바람에 기분이 너무 좋아서
뜨거운 너를 향해 고개를 들고 환하게 웃어

뜨거운 빛 아래 나는 어린아이처럼 즐겁고
너를 즐기는 나는 더 짙은 농염함을 만들어

세상에서 제일 행복한 일광욕
이 따뜻함 미치도록 달콤한 향내 영롱한 빛깔

어제는 비바람에 추웠어
흔들리는 가지를 꼭 잡고 너를 기다렸어

제일 소중한 네가 내게 와주었으니
바람에 몸을 맡기고 이렇게 춤을 춰
너무 행복해 이 따뜻함 그리고 반짝이는 하늘

너를 사랑해

넌 나만의 태양

너무 눈부신 나의 희망

난 너로 인해 태어났고

난 너로 인해 기다릴 수 있었어

와인잔에 담긴 영롱한 빛깔처럼

까르비네 쇼비뇽

#20 재회   심판

▶ 그림으로 이해하기 ◀

심판의 판단은 하늘의 뜻이니 공명정대해서 善業(선업)을 한 사람은 그만한 대가를 받게된다.
　결과에 승복할 수밖에 없고. 정의 카드와 같은 의미를 가지기도 한다. 공정하고 공평한 평가를 받게 된다

여자에게 우선권을 준다.
　건강회복, 좋은 소식, 합격, 재취업. 재기. 재회

끝이라고 생각했는데 바닥까지 보이니
더 이상 내려갈 곳이 없어

사소한 오해로 시작된 일이 거스를 수 없는 강을 건너
차마 눈을 감고 어떤 게 진실이고 어떤 게 진심인지
손가락은 뻣뻣해지고 온몸이 굳어 옴짝 달싹 할 수가 없어
그렇게 눈물도 강으로 쏟아 보내고 눈을 감는다

반짝이는 순간 아름다웠던 순간 모두
눈물 속에 범벅이 되어 강으로 강으로 흘러간다
가슴은 날카롭게 베인 상처와 쏟아내는 피

다시 만날 때는 다 잊고 없는 기억으로 다시 태어나서
전생에서의 아픔도 슬픔도 다 버리고
우리 웃는 얼굴로 다시 만나자

다시는 피멍 들게 말고
다시는 깊은 상처 주지 말고
그렇게 사랑만하자

그 많았던 업(業) 그 많았던 눈물
다시 태어나는 날 다 갚아줄 테니
부디 아름다웠던 한 장면만 기억하고
다시 아름답게 피어나자

모든 건 하늘의 뜻 아름다운 나팔소리가 들릴지니
못다 한 이야기 다시 계속될 이야기 나누자

#21 The World   세계

▶ 그림으로 이해하기 ◀

모든 것의 완성을 의미하며 좋은 결과로 마무리가 된다.
 양손에 든 완드는 통합을 의미하고 모두 갖춘 상태로 완성에 이르렀음을 의미한다.

 서로 사랑하는 사이, 좋은 동료 , 오랜 인연, 해외 유학, 결혼, 서거 (승천), 오래된 인연

이제 여행은 끝나고 최후의 심판도 지나가고
다시 태어나듯 걸어 들어간다

강물처럼 세월은 흘러가고 당신도 흐른다
고개 들어 하늘을 보니 길을 안내해 준 반짝이는 별빛

지나온 순간들 때묻은 먼지도 털고 일어나
다시 시작하는 여행

지금까지의 많은 생각과 그 많던 가슴앓이는
그 깊은 물속에 씻는다
어느새 얼굴이 맑아진다

나는 당신을 만나러 뛰어가요
내 맘은 어느새 출렁이고 얼굴엔 미소가 흘러요

나의 오랜 연인 그 아픔도 사랑도 함께하는 우리는
두 손을 꼭 잡고 이제 천천히 걸어나가요

하늘의 별빛이 우릴 비춰주네 너는 빛나는 별
세월의 뒤안길에서 돌고 돌아온 내 소중한 사람
내 소중한 인연

아름다운 기억들이 내 가슴에 다시 별처럼 쏟아지네
너는 빛나는 별이었구나

Chapter.2

(1) wands

지팡이는 4대 원소 중에서 불과 관계가 있고
네 개의 상징 동물 중에는 사자와 연관이 있다.

그녀를 만나러 가야겠다

Ace of Wands

▶ 그림으로 이해하기 ◀

사랑에 대해 이 카드가 나온다면 상대와 사랑하고 싶은 에너지를 의미한다.
아이디어와 창조력이 있는 상태로 창업의 시작이나 추진력을 의미한다

　새로운 도전, 시작, 깨달음, 만남, 구체적인 행동, 의지의 충만

오늘은 그녀를
만나러 가야겠다

하늘은 높고
햇살은 가득하고
바람은 반짝일 때

꽃향기가 가득하다
내 맘도 일렁
바람 따라 일렁

화사한 꽃다발을 준비해
그녀가 좋아하는
보라색 리본을 묶고
그녀를 만나러 가야겠다

내 맘이 일렁
바람 따라 일렁

나는 바보처럼 웃고 있다
누가 볼까 창피하다

열정

Two of Wands

▶ 그림으로 이해하기 ◀

성공을 향한 열정을 나타낸다.

오른손에는 지구본을 들고 자신의 야망을 드러내기 시작했다.
행동을 실행할 때이고 새로운 계획과 목표를 세우며 기다리면 멀리서 좋은 소식들음

성공, 헝그리 정신, 노동, 생산, 창조, 욕망, 욕구, 출장, 승진, 야망과 신념

두개의 지팡이

나는 두 배로 큰일을 하고 싶다

완드 하나는 손에 쥐었다

지구본은 나의 야망

나의 원대한 꿈

기다려라 나의 열정은

불꽃보다 더 밝고 뜨겁다

나의 열정을 불태워

나의 자신감은 이미 하늘 위로

할 수 있다 해보자

뜨거운 나의 열정이여

큰 세상으로

Three of Wands

▶ 그림으로 이해하기 ◀

구체적인 계획을 세워 큰 일을 도모한다. 행동도 있고 결과도 있는 다음 단계로 나아가는 카드
　무역과 상업이 확장되고 자기의 노력으로 일에 욕심을 갖게된다.
　일몰의 황금빛 바다는 사업의 좋은 결과를 예측할 수 있다.

　　노동, 생산, 창조, 행동, 활력, 무역과 상업, 사업, 도전, 결심, 여행, 투자, 포부

나는 믿는다
나에게 온 이 기회를

그동안의 아픔 눈물과 반성
와신상담 (臥薪嘗膽)

힘들었던 지난날을 뒤로하고
큰 세상으로 나간다

내 내면의 어둡고 불안한 그림자
모두 가슴에 묻고
내가 가야 할 큰 세상으로
오늘도 꿈을 꾼다

미성숙한 두려움은 모두 버리고
이젠 앞만 보자

더 큰 세상으로 나가자
기막힌 타이밍

축배

Four of Wands

▶ 그림으로 이해하기 ◀

축하하거나 축하받을 일이 있는 카드이다. 그간의 노력과 노동에 대한 일차적 성과를 축하한다.
  붉은색의 리본이 두 연인을 연결하고 결합이 좋음을 의미한다.
  금전운도 좋아서 결과물이 좋다.

  수확과 축제, 축하 의식, 작업의 완성, 노동, 생산, 열정, 의지, 축제, 조화, 보상, 노동의 열매

산과 강을 건너
초록의 들판을 지나
다시 낙엽이 진다

들판을 가로질러
급하게 돌아온 집 뜰에서
성스러운 축배를 든다

내일은 알 수 없지만
오늘은 모두 승리의 기쁨에 취해

세상 만물이 아름다워 보이네
오늘을 즐겨보자

나는 오늘 세상에서
가장 행복한 사람

화려하게 장식된 꽃다발
모두들 축배를 들어
기쁨을 마시자

사춘기

Five of Wands

▶ 그림으로 이해하기 ◀

사공이 많으면 산으로 간다. 완드를 휘두르며 싸우는 사람들 내부적 투쟁을 의미한다.
서로다른 의견에 충돌이 일어나고 서로의 다양성을 받아들이고 이해해야 한다.

경쟁, 갈등의 표면화, 내부적 외부적 갈등과 경쟁, 의견충돌, 경쟁자, 이해관계

왜 넌 매번 그렇게 생각이 틀리니   요새 내 마음은 어떤지
잘 할 수 있는 게 뭐니   물어 보아주면 좋겠다
이것도 힘든 거야   좋아하는 스파게티 먹으면서
　　　　　　　　　　콜라는 제로 콜라로

엄마 아빠 잔소리 또 시작
먼 곳으로 떠나버리고 싶어   그냥 나 좀 내버려 두면 좋겠다

옆집 아이 친척 누구   다들 말이 너무 많아
난 그 애랑 다른데
왜 자꾸 비교하지
그래서 엄마에게 말대꾸

나도 나를 잘 모르겠고
나를 알아가는 중인데
화가난다
내 맘은 누가 알아주지

행복한 뉴스

Six of Wands

▶ 그림으로 이해하기 ◀

좋은 소식이 들려오거나 우월감을 얻는다는 의미이다. 칭송받고 스스로가 자랑스럽다.
   손에 쥔 지팡이에는 월계관이 매달려있다. 혼자만의 승리는 아니며 함께 이룬 승리를 축하하는 카드이다.
   승리와 성공을 하고 돌아오는 카드이다. 팀원들의 타협과 통합이 반드시 필요하다.

   성공, 자신감, 새 출발, 러더십, 여행

오늘의 행복한 뉴스
당신은 그동안 꿈꾸어 왔던
승리를 손에 넣게 될 거예요

비즈니스가 힘드셨나요
매일 눈물을 흘리셨나요
사람들이 당신을 헐뜯고
힘들게 했나요

빨간 리본이 월계수에
예쁘게 묶여져 있으니
모두들 환호하고 승리의 장군으로
유유히 걸어 들어오게 되고
사람들의 함성이 들립니다

당신은 승리의 장군입니다
멋진 일들이 당신을 기다리고
당신의 아이디어가 빛을 발하고
수확을 기다리고 있으니
이제부터 시작이에요

이젠 그만 울어요
당신을 보살펴주는
따뜻한 사람을
만나게 될거에요

승진하고 싶었던 당신
월급 인상에 승진이라니
다 같이 기뻐하고 축복하는
이 아름다움을 만끽해요

내가 더 위에 있어

Seven of Wands

▶ 그림으로 이해하기 ◀

아직도 해결해야 될 문제들이 많이 있지만 금전은 곧 풀리고 뺏기지만 않는다면 지킬 수 있다.
신발도 짝짝이고 힘든 상황이나 방어태세를 취할 수 있는 유리한 위치이다.

급박하다, 어렵다, 고군분투, 경쟁자, 방어태세, 자기방어, 버팀, 저항, 끈기

응원해 주고 지지해 주는
그대들이 있으니
난 쓰러지지 않아

싸워서 반드시 이긴다
나는 나아간다
나에게는 불가능은 없다

나아간다 뒤로 물러서지 않는다
눈보라의 혹독한 바람이 오고
경쟁자가 많아도 반드시 해결된다

신발은 짝이 없는 힘든 상황이고
경쟁자들도 너무나 많으니
어떻게 나아가야 할까

해결해야 될 문제가 많지만
그러나 뒤로 물러서지 않아

이미 오고 있어

Eight of Wands

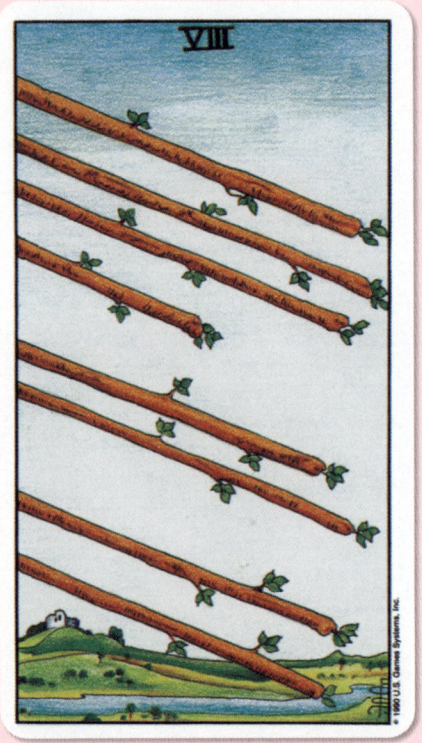

▶ 그림으로 이해하기 ◀

일이 속도감 있게 진행된다. 그러나 준비해야 할 것은 많아 계획적인 행동이 필요하다.

진행이 좋고 대지에 닿으면 결론이 빠르게 온다. 단기 투자나 속전속결로 돈이 들어올 수 있다. 그에 따라 빨리 서두르기도 서두르면 안되기도 한다.

준비, 체계적 계획, 꾸준한 노력, 속도를 냄, 좋은 소식, 민첩함, 이동, 변화

여덟 개의 지팡이가
하늘을 날아간다
지팡이는 살아있다

이미 오고 있으니
곧 결과에 다다르리니
계획한 대로 바로 움직여라

이미 오고 있으니
마지막까지
최선을 다하여라

이미 오고 있으니
새싹의 기운이
나는 도전한다

노력할 거야
이루어 지려고

이미 오고 있어
하늘의 뜻

은둔자

Nine of Wands

▶ 그림으로 이해하기 ◀

자신이 할 수 있는 가장 많은 일을 할 수 있다.
관계 카드라면 사람들 만나는 것은 자제하고 자신을 돌아보아야 한다

준비, 신중, 대처 방안, 임무, 역할, 책임, 끈기, 자기방어, 인내, 기진맥진, 번 아웃

어떤 상황이라도
어떤 힘듦이라도

예언자처럼 은둔자처럼
산기슭을 헤매어도
진리를 찾아간다

그동안의 지혜와 반성을 가지고
힘들어도 지켜 나간다

이것은 나만 할 수 있는 일
책임감으로 버틴다
마음을 굳게 다잡는다

내 두 손이 까지고 피 날지라도
이 마지막 관문
나는 이겨낼 것이다

잘 할 수 있을 거야

Ten of Wands

▶ 그림으로 이해하기 ◀

심리적 압박을 의미한다. 책임감이 있기에 힘들어도 결국엔 도착한다.
　책임감에 부담감이 심할 수 있지만 자신의 능력과 한계를 알고 맞춰서 일을 조절해야 한다.

　부담감, 책임감, 정신적, 어려움, 힘든 여정, 과도한 일, 목표, 성취, 노력

힘내요 당신
책임감 많은 우리 남편
얼마나 무게가 힘들었을까

첫째 며느리야 수고했다
든든한 우리 장남 내려놓지 못하
는 것이 많아서 얼마나 힘들었니

회장님
모든 걸 다 손수 하시려다 보니
마음이 무거우셨었죠

선생님
우리들을 다 이끌어 주시느라
고생 많으셨습니다

다 품는다는 건
다 가져가려는 건
묵묵한 인내
힘든 여정

그러나 성실함에
대항할 수 있는 건 없을 거야

오늘도 수고 많으신
엄마 아빠 남편 아내
직장 일에 지친 인간관계에 지친
내 친구

너무 힘들면 쉬었다 가자
혼자 다하려 하지 말고 가자
내가 많이 고마워

Chapter.2

(2) Cups

성배는 4대 원소 중에서 물과 관계가 깊고
사람을 상징한다.

마음을 열어

Ace of Cups

▶ 그림으로 이해하기 ◀

컵에는 오대양의 물이 다섯 줄기로 흘러내리니 감정의 시작이며 사랑의 시작이다. 정신적으로 기쁨과 희망이 가득 차 있다.

  스스로 형태를 바꾸는 물은 인간의 감정을 나타내고 새로운 관계의 시작이다.

 시작, 평화 ,사랑, 화합, 임신, 다산, 창작, 화해와 용서, 솟아나는 감정

나도 잘 몰라서 멈칫했어
인연이 맞을까 많이 고민했어

언제까지고 기다리겠다는 말
언제고 변하지 않겠다는 그 말
너의 진실한 마음이 느껴졌어

이제 난 다가가려 해
마음을 열어보려 해

내 마음이 보이니
나랑 같이 시작해 볼래

내 마음은 두근두근
내 마음은 온통 핑크빛

사랑의 시작은
언제나 마음을 떨리게 해

나랑 같이 하자
내 감정은 이렇게 너에게로 흘러가

인연

Two of Cups

▶ 그림으로 이해하기 ◀

사랑이든 우정이든 새로운 관계가 시작된다.
두 개의 성배는 새로운 연예의 시작이며 관계의 시작이다

소통, 정서적 화합, 양보, 사랑이 싹틈, 좋은 제안, 좋은 팀웍, 교류 중, 계약 중, 우정, 감수성, 협력, 단합, 결합, 대화, 동반자, 약혼

설레어 너와 나의 만남이

난 요새 구름 위에 있어
네 생각만으로도 미소가 지어져

흘러가
내 눈 속의 너도
내 맘속의 너도
잔잔한 파도처럼
내 마음을 뜨겁게 해

두 개의 성배는
우리의 사랑 그리고 시작
우린 이미 서로를 느껴

메말랐던 가슴을 촉촉이 적셔줘

찰랑이게 차있는 사랑의 잔으로
축배를 들어

안갯속에 있어서 몰랐던 너의 마음
가까이 보니 왠지 이게 꿈이 아닐까
난 더 몽롱해져

기분 좋은 아름다운 우리 만남
우리의 시작을 축하해

서로의 눈을 바라보는 이 순간
세상이 멈춘 듯 난 너만 보여
내 마음은 이렇게 너에게 흘러

축배를 들라
Three of Cups

▶ 그림으로 이해하기 ◀

여러 사람들과의 관계가 좋아짐을 나타낸다. 축하할 일이 있고 사람을 만나면 수익이 생긴다.
나머지 한 명을 조심해라.

의사소통, 축하와 기쁨, 공통인 이상, 즐거움, 우정, 의기투합, 사교모임, 즐거운 시간, 긍정적 에너지

당신이 머리를 싸매고
고민했던 사연이
머지않아 해결 될 거예요

당신이 바라는 건 어떤 건가요

사랑하는 그녀와의 다툼
오해는 풀리고 더 가까워져

당신의 순수하고 솔직한 마음으로
주문을 걸어보아요
마음도 한결 나아지고
문제도 해결 될 수도 있으니
걱정은 내려놓아요

마음과 뜻이 맞는 친구가 나타나
새로운 시작을 할 테니
지금 시작을 축하해 보아요

미소가 번지게 될 거예요
오늘은 모두 파티를 해요

오늘을 즐겨요
찰랑찰랑 축배 속에 잊어버려요
모두 잘 될거예요

오늘은 당신이 행복한 날
마음에 한 줄기 빛이비추는 날

무기력

Four of Cups

> **그림으로 이해하기**

무기력과 권태를 상징하는 대표적 카드이다.

당신은 내미는 컵을 어떻게 하고 싶은가? 새로운 기회를 보지 못한다면 과거를 잊지 못하고 제자리 걸음을 할 것이다.

권태기, 실망, 실증, 지루함, 외로움, 무기력, 지루함, 귀찮음, 어장관리

지루해

싫어

별로

새로운 것도 싫어

이젠 떨리지가 않아

설렘과 흥분이 없어

마음은 이미 딱딱히 굳어버렸어

그때의 기억과 감성

아름다웠던 시간들이

너무 무색해서 힘들어졌어

그때로 가면 다시 시작할 수 있을까

내 맘 속에 파도가 쳐

이제 너와는 안 될 것 같아

실망

Five of Cups

▶ 그림으로 이해하기 ◀

권태로움은 극복되지 못했다. 실제로 마음이 돌아선 경우에 나오는 카드이다.
　뒤에 남은 두 개의 컵을 돌아보라는 의미 일 수 있지만 지금은 상처로 힘들다. 쓰러진 세 개의 컵은 지나버린 과거 돌이킬 수 없는 사건을 의미 한다. .

　좌절, 실망, 상처, 불안, 지연, 손실, 인간관계가 깨짐

흘러가
너와의 소중했던 기억들이
저 푸른 물결 위로

너도 같겠지만
내 마음도 상처야
날카로운 말투
반복되는 똑같은 문제들
우리 이제 멈추자

쓰러진 세 개의 컵
두려워서 고개를 숙였어
또 뒤돌아보게 될까 봐

보지도 생각지도 않고
지금 이대로

아픔의 강물을 안고
돌아갈 거야
이미 쓰러졌어
슬퍼하지 않을래

이럴 거면
시작하지 말았어야지
이럴 거면
왜 그 시간들을 견디며
참아왔는지

후회 그리고 실망속에

나는 고개를 숙여
뜨거운 눈물이 내 뺨을 스치네

미련

Six of Cups

> 🔸 **그림으로 이해하기** 🔸

과거의 기억과 남아있는 희망이 현재와 연결된다. 과거를 바탕으로 현재의 안정화를 이룬다.
  건네주는 컵은 좋은 소식과 제안.
  꽃이 담긴 네 개의 컵은 축하, 승진, 합격, 개업이다.

  추억 속의 재회, 향수, 회상, 안정, 여유, 찬스, 기회, 순수함, 비현실성

그때 첫 마음
나도 모르게 빠져버린 사랑
아름다웠던 시절

지나가면 다 잊는다고 했던가
어느 날 문득 떠오르는
그날의 기억들

아무것도 모를 때가 좋았나 보다
그렇게 반복되는 것이
행복했었나 보다

가끔 어제 일처럼
그 기억들이 떠오르면 놀란다

너에게 주었던 내 감정들이
어제 일처럼 떠오르면
내 기억이 머무르는
그곳으로 다시 돌아가고 싶다

늙고 누추해진 두 손으로
너의 손을 잡을 수 있을까?
이 마음은 무엇이란 말인가?

미련 아쉬움일까
여전한 사랑일까
집착일까

로또

Seven of Cups

▶ 그림으로 이해하기 ◀

현실에서 얻을 수 있는 것들을 생각하고 뜬구름 같은 것들은 구분해야 한다.
  청소년들의 게임 속 가상세계일 수도 있고 소셜미디어를 통한 욕망
  그림자는 자신을 어둠에 숨기고 바라본다. 관음증을 의미하기도 한다.

  과대망상, 짝사랑, 상상 연예, 명품 사치, 착각

오늘 낮에 산 로또 한 장
소중히 지갑에 넣고

로또가 된다면 무엇을 해야 하지
집을 사야 하나
차를 바꿔야 하나
해외여행을 가야 하나

일단 근사한 오마카세를 먹어야지
오일 마사지에 취해 보는 것도 좋아

생각만 해도
이건 기분 좋은 상상
깨고 싶지 않아

잠시 떠날게

Eight of Cups

> 그림으로 이해하기

기대 했지만 손에 잡지 못해 실망감이 크다. 모든 인간관계를 정리하고 싶은 마음으로 떠나고 싶다.
 지친 모습이다 그러나 컵의 가치는 깨지지 않았기에 언젠가는 다시 돌아올 자리도 명분도 있는 것이다.
 시간이 지나면 돌아올 가능성이 있는 카드다. 사랑이 정말 식은 것이 아니라 실망일 수도 있다

에너지 소모, 자기 연민, 후퇴, 내적 변화, 후회 실망 희생

일일이 다 말 할 순 없었어
이유조차 말하고 싶지가 않아서

여행 가방 속엔 너의 물건 냄새
아직 남아있는데

하늘엔 태양과 달이 겹쳐있어
길을 잃어버린 거 같아
지치고 힘들어

참 예뻤었는데 우리 두 사람
그렇게 해맑게 웃었는데

바다로 가려고
큰 챙 모자를 쓰고
누워서 바닷소리를 들으려고

봉골레 파스타를
먹을 수 있는
카페가 있으면 좋겠어

그곳에 재즈 음악이 흐른다면
많이 행복할 거야

잠시 떠날게
하지만 난 돌아오지 않을거야

나만의 만족

Nine of Cups

> 그림으로 이해하기

자신감에 차있는 모습으로 팔짱을 끼고 있다. 자신감이 자만감이 되지 않도록 주의할 필요가 있다.
은둔자 9번과 연결된 카드로 혼자만의 고뇌와 생각을 통해 돌아온 모습일 수도 있다

자기만족, 행복, 자신감, 일시적인 감정의 만족, 성취, 자기 관대, 상황이 좋아짐

다시 돌아왔어
어떤 게 내가 원하는 건지
헤맸던 시간의 모퉁이를 돌아서

그땐 너무 바닥이라 느껴서
그땐 너무 지쳐서
나를 돌아보기도 힘겨워서
모든 걸 다 놓고 싶었어

다시 시작해도 늦지 않았다며
가슴으로 같이 울어주던
그들은 내 손을 잡아줬지

매일 조금씩 성장하는 나에게
사랑해 주는 그대들에게
박수를 보내

내가 진짜 원하는 것은 무엇일까?

소용돌이를 돌아
뜨거운 가슴이 되어가는 시간

바닥에서 쓰러져있던 나를 일으켜
다시 걸음마를 해보는 시간들

하루하루 감사해
이제부터 다시 시작이다

마음속으로 간절히 원하면
꼭 이루어지는건 비밀
나만의 만족

무지개

Ten of Cups

> 그림으로 이해하기

무지개는 메시지에 대한 약속 징표이며 무지개 여신 아리스(Iris)는 신들의 메시지를 전달하는 전달자다.
카드 속 부부는 서로 위하며 서로 뜻이 잘 맞는다. 연인이 뽑았다면 결혼이 가능하고 임신과 출산이라면 가능성이 크다. 반대로 아이들을 무관심하거나 외면하는 가정에서 나오기도 하는 카드.
바닥이 평평해 서 있기 편하고 나무와 물이 있어 발전할 수 있다.

파트너십, 협력자, 조력자, 안정된 수입, 비 온 뒤 얻게되는 금전

비가 온 후
나에게 온 행복

비는 그렇게 지나갔고
마음을 그렇게 할퀴었지만

나는 믿었지
고난은 지나갈 거야
그 많던 생채기들을 이겨냈어

하늘이 주신 무지개
하늘과 땅을 연결하는 축복

그대
그 수줍던 웃음으로
그때 그 마음으로
다시 시작해요
우리의 사랑을

내게 와 주어 감사해요
믿어주어 고마워요
세상에서 제일 행복하게 해줄게요

Chapter.2

(3) swords

검은 4대 원소 중 공기와 관계가 있고

상징동물은 독수리이다

관찰

Ace of Swords

▶ 그림으로 이해하기 ◀

갈등 상황에서 중심을 잡기 시작했음을 의미한다. 좀 더 확장되어 견고해지고 명확해진 느낌이다.
껍질을 뚫고 그 안의 본질을 보려고 하며 그 것에 따른 결심과 목표의식이 있는 카드이다.
긍정적인 의미이나 혼자만의 아집 고집인지 한 번 더 들여다 볼 필요는 있다.

시작, 확신, 중심을 잡다, 이성적 판단

한 번 보고 두 번 보고
여러 번 보자

시간이 없다고 늘 말해왔지만
변명이었는지 핑계였었는지
난 잘했다고 생각했지만
늘 항상 바빴지

네가 언제 웃고 언제 우는지
네가 제일 좋아하는게 무엇인지
네가 언제 눈이 제일 반짝이는지
네가 언제 눈이 찡그려졌는지
네가 언제 반달눈이 되었는지

껍질을 깨고 안으로 못 들어간 건
네가 아니고 나였던 건 아닌지

그렇게 오랜 시간을 보고도
알아차리지 못한
내가 바보 같아서

한번 보고 두 번 보고
여러 번 보자

자세히 보아야 더 예쁘겠다
자세히 보아야 숨은 뜻도 알겠다
사랑에도 관찰이 필요하단 걸

목소리

Two of Swords

▶ 그림으로 이해하기 ◀

힘든 상황이고 부정적이다. 심리적인 위축과 내면의 갈등이 심하다.
　이러지도 저러지도 못하는 모습으로 두렵고 불안하여 누가 대신 선택 해주길 바라는 지도 모른다
　어느 쪽도 선택하지 못하고 마음적 스트레스가 심하다. 힘의 균형을 지혜와 직관으로 찾아야 한다

　진퇴양난, 고민, 망설임, 불 확실성, 궁지에 몰림

차가운 칼 날 같은 너의 말에
깊이 찔려서 검붉게 물들어가
어쩜 그렇게 못될 수가
어쩜 그렇게 사나울 수가

잘 하라고 느껴보라고
이유야 분명하겠지
더 잘 하라는 거겠지
넌 강해야지만
네 말을 듣는다고
생각하지

이럴 때마다 너무 아파서
더 이상은 안되겠다
다 내려놓고 싶어

너의 말 한마디에
늘 이렇게 된다는 게 웃겨

뭐가 그렇게 화가 나니?
뭐가 그렇게 짜증 나니?

다시 또 제자리로 돌아오겠지만
나도 더 세게 말해볼 거야
네 심장에 칼을 던질거야

너의 목소리에 늘 웃고 울지
그게 더 짜증 난다
그게 더 화난다

그리움

Three of Swords

▶ 그림으로 이해하기 ◀

소드는 4원소 (물 불 공기 대지) 중 공기에 상응한다.
현실에 직면함을 의미하기도 하고 상처받은 마음, 아픈 경험 부정적인 생각을 의미한다.
    세 개의 소드가 하트를 관통하고 있다. 후회 그리고 미련과 갈등을 의미한다.
    경험을 통해 성장하고 진실을 알게 된다.
    여러명이 시합해서 한 명이 나올 때 나오기도 한다.
    슬픔, 고통, 갈등, 피할 수 없는 진실

가장 행복했던 때가 언제냐고
아스라이 저 멀리 안갯속 기억으로

딸의 아장걸음을 보던 때
귀여운 토끼 이빨로 웃음을 지을 때

어찌나 이쁘고 귀엽던지
세상을 다 가진 것 같았어요

네가 나인지 내가 너인지
아기 캥거루가 된 너는
토끼 이빨로 예쁘게 웃었지

그땐 그렇게 하루 종일 살을 부비며
있는 게 행복이었는데
몸도 생각도 다 커 버린 지금은

자신들의 세계를 문지기처럼 지켜
언제부터 시작된 마음이었는지

갈등이라는 독버섯이 자라나서
생각의 면류관은 계속 돌아

그리워 다시 돌아가고 싶어
한 번만 토끼 이빨로 웃는 너를
다시 만나고 싶어

아가 너를 내 품으로
다시 안고 싶어

돌아갈 수만 있다면

다시

Four of Swords

▶ 그림으로 이해하기 ◀

죽음과 같은 깊은 휴식이다. 많은 일을 한 뒤 휴식이 필요하다.
과거로 돌아갈 수는 없다. 심리적 위축감에 무력감에 잠이 안온다. 휴식과 회복이 필요하다.

명예직, 얼굴마담, 기다림, 쇼윈도 부부

다시 기회가 있을까
내 모든 걸 찾을 수 있을까

화려했던 금장 장식
아름다운 색색깔의 기억
달콤하기도 씁싸름하기도 했던
지나간 너와의 황금빛 추억들

모두 한 줌의 연기처럼 빠져나가고
반짝이던 별들은 아스라이

초라한 몸뚱이를 침대에 눕히니
눈물이 난다
몸은 딱딱하게 굳고
한 발자국도 더 못 갈 것 같은데

다시 별이 되고 싶다
그렇게 우뚝 서고 싶다

판도라의 상자를 열어주오
도망치지 못한 내 희망들을
다시 하늘로 보내주오
물동이로 나를 채워주오

가면

Five of Swords

▶ 그림으로 이해하기 ◀

갈등이 구체화된다. 강력한 경쟁자의 대두를 경고한다. 상처는 크지만 다시 길을 찾아야한다. **이성적으로 판단하라.**

고개 숙인 남자는 경쟁자에게 지고 중간 남자는 원인 제공자다.

개인적, 정치적 불화, 강력한 경쟁자, 배신, 자존심 훼손

어쩜 그리 천연덕스러웠니
사람들 앞에서는 페르소나
너의 가면 앞에서
그렇게 모두 속을 수밖에

어쩜 그리 가증스러운지
거짓말이 꼬리에 꼬리를 무니
너는 겉과 속이 아예 달라

말로는 나를 위한다고 했지만
결국 다 연기
널 위한 거였으니

모를 줄 알았지 너의 연기를
처음엔 알아도 눈감아준 거야

그건 몰랐지
너는 이겼다고 생각했겠지만
너는 진거야

결국 너는 패배자야
너의 페르소나가 드러날 테니까

다시 기회는 줄게
거짓 연기는 이제 멈춰

같이 가자

Six of Swords

▶ 그림으로 이해하기 ◀

갈등을 인정한 상태에서 일이 진행될 때 나오는 카드다. 힘든 상황을 당연하게 받아들인다. 배에 박힌 검 여섯 개는 생각과 갈등을 의미한다.

   상처를 받아들이고 수용한다면 상황이 나아진다

   문제 해결, 어려움으로부터 벗어남

파도 소리를 들어 봐
우리는 함께야

데려다 주느라 몇 번씩 길을 오가고
애기하 지나 버렸던 버스정류장 앞

흐린 가로등 그 밑에서 대문까지
시간은 왜 그리 짧았을까
왜 그리 벅찼을까

정신없이 살았구나
눈가에 주름도 흰 머리카락도
그대와 함께 늙어가고 있으니
말하지 않아도 손잡고 가는 거야

여섯 개의 상처 모두 가지고 가자
아픔도 눈물도 당신이 좋으니
그곳을 향해 같이 간 거지

파도 소리를 들어 봐
맘이 많이 아팠던 그 해
당신이 있어서 그렇게 견뎠어
얼마나 감사한 일인지

당신 때문에 살았노라고
사랑하는 이유가 어딨냐고
너니까 같이 온 거라고
그렇게 멋있게 늙어서
말할 수 있을 때
나는 정말 행복 할 거니까
사랑합니다

비밀 연애

Seven of Swords

▶ 그림으로 이해하기 ◀

**전쟁 막사에서 검을 훔쳐서 도망가고 있다. 타인 것을 탐내면 화를 입을 수 있다.
남아 있는 두 개의 검을 보며 아쉬워하며 가고 있다**

    스파이 내부의 적 첩자일 수도 있으므로 조심한다. 남의 돈을 빌리거나 공금횡령일 수도 있다.
    놓고 가는 두 개 검은 숨기고 싶은 비밀

    치명타, 악행, 성패를 가늠할 중요한 정보, 훔치고 빼앗거나 뺏기는 카드, 도둑카드, 구설, 비밀, 연애

훔쳐 가는 다섯 개의 검
칼 날을 잡고 간다
더 많이 가져갈 수 있으니까
살금살금 가자 까치발로

넌 비밀스럽게 움직이고
몰래 행동하는 게
습관처럼 되었지
날 숨기고 비밀스럽게 그녈 만났지
교활하게 웃었을 수도

네가 바라던 걸
다 가져갈 순 없을 거야
남은 두 개가 아쉬워서
넌 다시 올 거니까

넌 결국 너의 잔꾀에 넘어가
페르소나는 벗겨질 것이니

비밀스러운 너는
배신의 최후를 맞게 될거야

교활한 미소 약삭빠른 너
우리 관계는 끝이야

그 욕심이 화를 부른다는 걸
부디 책임을 지길

경력 단절

Eight of Swords

▌그림으로 이해하기 ◀

본인이 자기에게 내린 스스로의 형벌카드. 눈을 가렸으니 해결의 의지도 없을 수가있다.
 다른 사람 말도 듣지 않겠다는 모습으로 극복이 어려운 모습이다.
 현실에서 육체 마음 모두 피폐해졌을 때 나오는 카드이다.

 사면초가, 가스라이팅, 판단 불가, 갇힌 느낌, 제한, 끈기 부족

모든 것이 두렵다
스스로 일어날 수 없다
어디서 어떻게 시작해야지

앞이 보이지가 않아
스스로 이렇게 만든 건 아닌지
나는 회복하고 싶어 나가고 싶어

남편 혼자 잘 나갈 동안
난 십 년차 경력단절

아무것도 못하네
대출도 안 된다니
이게 말이 되니

나는 늪에 빠진 듯 허우적거려
나의 꿈들은 어디로 갔을까

그는 말하지
부드럽게 생각하라고

생각의 감옥에
육체의 감옥에
갇힌 듯 갑갑해

잔소리

Nine of Swords

▶ 그림으로 이해하기 ◀

걱정 근심 내 마음의 갈등을 의미한다. 걱정과 근심은 내부로부터 오는 것이 많다.
머리가 너무 아픈 모습이다. 편안한 휴식이 어렵고 움직임이 어려운 상태이다.

불면증, 우울증, 괴로움, 고통, 악몽

오늘도 잔소리
우리 엄만 신 금(辛) 엄마
신금들은 예민하고 까칠해

엄마는 분석의 달인인가
어느 것 하나 안 넘어가
애들 밥 신경 쓰라고 맨날 잔소리

남편 잔소리에 엄마 잔소리까지
숨 막혀 힘들어

나는 까칠한 사람들이 싫어
어제는 침대 위에서 멍 때리다가
오늘은 이불킥 하고 나간다

쇼핑하러 가자
나에게 도파민을 주는 행복의 시간
가자 오늘은 쇼핑이다

백화점은 나의 안전지대
덕분에 비어가는
슬픈 은행 잔고

그렇지만 난 이 시간이 행복하니까
가자 나의 쇼핑을 위하여

난 행복해질 거야

다시

Ten of Swords

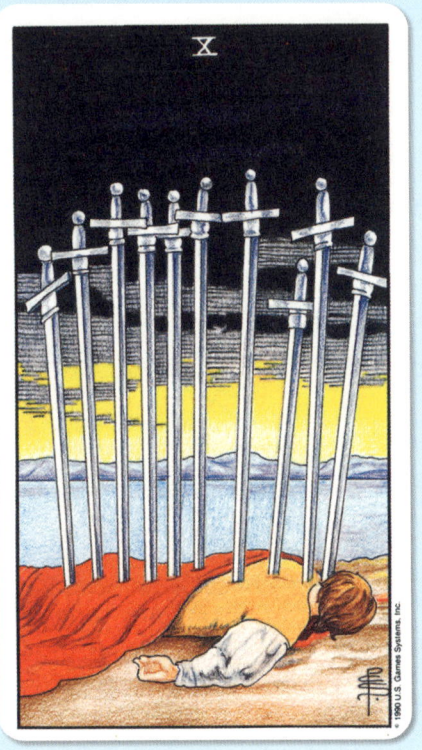

▶ 그림으로 이해하기 ◀

좌절과 절망이 현실로 다가왔고 갈등의 최고조 때 나오는 카드.
  모든 것이 자명하게 드러났으니 더 이상 상상의 고통은 없다. 갈등과 후회의 아픔이다. 생각이 많다.

  희생, 자기 콤플렉스, 고민, 남은 선택, 결정, 비참한 현실, 갈등, 번민

사실로 드러난
어이없이 비참한 결과

목의 피를 토하듯 다 꺼내고 싶지만
다 누르고 넣어두고 간다

어떻게 알겠어
내 마음의 깊은 상처를

할퀴고간 감정의 홍수의 바닥은
내 눈물이 아롱져
진주로 남았어

이 생채기는 내 가슴의 흔적
알지도 못하면서 손가락질하고
알지도 못하면서 떠들어대네

동트기 전이 더 어두운 법
칠 겹의 어두움을 뚫고
하늘빛이 다가와 내게 속삭여

같이 가자고
이제 떠날 때가 되었다고
너는 강해져야만 한다고

Chapter.2

(4) Pantacles

금화(동전)는 4대 원소 중 흙과 관계가 있고

상징동물은 소이다

그녀가 행복했음 좋겠어

Ace of Pentacles

▶ 그림으로 이해하기 ◀

좌절과 절망이 현실로 다가왔고 갈등의 최고조 때 나오는 카드.
 현실성이 있는 카드이다. 말로만이 아닌 구체적인 단계에 들어갈 수 있다. 욕심이 생기고 물질적 가치도 실현하고 싶어한다.

 계산적, 물질, 현실, 시작, 준비, 욕심, 감각적, 현실적, 쾌락적

세상에 반짝이고 싶다는 그녀
지금 그녀는 걱정이 너무 많아

이제 정말 기회가 와서
웃을 날이 많았으면 좋겠다
당신이 상상했던 그 기회를
이제는 잡아봐요

그 반짝임 노래 할 수 있을 때까지
지치지 않길

그녀는 반짝반짝 빛날 테니까
별 헤었던 날들은 보내고
가슴앓이 모두 보내고

밤에 잠도 잘 자고
밥도 잘 먹고
더 예뻐지고
당당해졌으면 좋겠다

이제 반짝반짝 빛나게 될거에요

균형

Two of Pentacles

> 🔖 그림으로 이해하기 🔖

양손의 펜타클 두 개를 돌리고 있는 모습으로 주의와 집중이 필요하며 애정이라면 양다리, 업무라면 투 잡, 불안한 현실을 나타낼 수도 있는 카드이다.

두 가지 일을 같이 하려는 경우에도 등장하며 마음이 흔들리는 경우에도 나타날 수 있다
어느것에 집중해야 할까 마음을 집중하는 것이 필요하다.

균형, 안정을 위해 고민, 양쪽 중재, 저울질, 고민, 양다리

오늘은 우리 딸 태어났던 날
20킬로가 찐 무거운 몸으로
12시간의 진통에 오후가 되어서야
토끼 같은 너를 만났지

어제부터 계속 비가 온다
그날도 내 마음엔 촉촉이
단비가 내렸어

유달리 허벅지가 통통하고
볼살도 터질 듯 사랑스러운 귀요미
그렇게 내 마음의
단비 같던 예쁜 딸내미

일과 육아의 시간 둘의 균형
그렇게 하루하루 최선을 다했었지

돌아보면 어찌 그렇게 살았을까?
천하무적 마징가제트였던
엄마로 살았던 그 시간들

그 균형을 위해 매일 반복되던
나의 고민들
일과 육아 모두 내겐 뜨거운 감자
두 손 위에서 돌고 돌던
뫼비우스의 띠

토끼 같던 네가 있어서 버텨냈었어
네가 있었던 것만으로도 큰 힘
고맙고 사랑해

갑진(甲辰)이 그대를 부른다

Three of Pentacles

▶ 그림으로 이해하기 ◀

삼각구도로 안정화를 이루는 카드다. 정신적 물질적 소득을 얻고 협력을 통해 비어있는 회색의 펜타클이 이제 금색으로 채워지는 카드로 어느 정도의 성공을 의미한다.

명성도 얻을 수 있으며 재능이 세상에 알려지기도 한다. 부탁하는 이들도 있으며 일도 능숙해지는 시기다. 갈고닦은 실력을 인정받을 수 있는 카드다.

창조적인 기술, 능력, 실용성, 협력, 물질적, 정신적 소득, 도움, 건축

갑진(甲辰)이 온다
갑(甲)은 큰 나무 희망과 시작
임인(壬寅)의 새로운 시작
계묘(癸卯)의 흐름
갑목(甲) 이 그대를 부른다

서툰 시작 그리고 새로운 시도
그대는 정녕 진심을 다했나요

어떤 자리던 어떤 만남이던
부단한 노력으로
이젠 세상으로 나아갈 때

사람들이 모여 같이 나아가니
갑진(甲辰)은 힘찬 기운
용의 기운

그대를 움직이게 한고
그대는 별이 된다

갑진이 그대를 부른다

그대여
준비를 마치고 이제는 뛰어나가자
아름다움을 보여줄 때다

구두쇠

Four of Pentacles

▶ 그림으로 이해하기 ◀

돌의자에 앉아있는 남자는 동전을 놓칠세라 집착을 하고 있다.
　머리 위 동전은 왕관의 보석처럼 보이고 남자의 표정은 자신이 가진 것을 놓지 않겠다는 굳은 의지가 엿보인다.

　인색함, 소유에 집착, 돈을 사랑하고 자린고비, 구두쇠, 탐욕, 물질주의, 욕심, 집착, 이기심

너의 표정을 좀봐
욕심으로 가득 찼구나

마음을 나눌 때도 돈을 보는 너는
발로 누르고 앉았으니
움직이지 못하겠구나

너의 돈 모으는 능력
그건 너의 부여받은 능력

베풀지 못하니
그렇게 머리로 쓰고
손으로 부여잡고
늘 쥐고만 있지

놓지를 못하는 너
너의 집착

오늘도 너는
집착을 부리고 있어

너의 이름은 구두쇠구나

고개 숙인 남자

Five of Pentacles

▶ 그림으로 이해하기

현실적 어려움이 있으나 어쩔 수 없는 관계로 지속될 때 나오는 카드이다. 도움이 필요하다면 기다리지 말고 적극적으로 표현해야한다. 남자의 몸은 다치거나 사고로 힘든 상태이다.

여성은 두 사람의 관계를 리드하며 앞장서서 고통을 이겨내려는 모습이다. 남자의 목에 걸린 금종은 과거의 펜터클의 풍요를 경험했음을 의미하기도 하며 쌓여있는 눈은 순탄하지 않은 길, 척박한 환경, 고독과 괴로움을 의미하기도 한다.

생존/사랑/힘/자유/즐거움의 부족, 성 기능 장애, 결핍, 궁핍, 스트레스, 근심, 가난

남자의 갱년기
더 외로워서

퇴직 이후
집 사람들
눈치가 보여

나간다
밖에 자꾸만
나간다

삼식이는 해서 안될 일이라
자꾸 나간다

알바라도 해야 하나
집 사람 다니는
문화센터를 다닐까

이럴 줄 알았음
취미라도 만들걸

이럴 줄 알았음
더 잘해줄걸

캥거루 족

Six of Pentacles

▶ 그림으로 이해하기 ◀

공중에 뜬 여섯 개의 펜타클은 내 돈이 아니고 서로 대가를 지불하는 관계를 나타내는 카드이다.
후원자, 자본가, 고용주가 일한 대가를 나눠준다. 베푸는 기쁨을 느낄 수 있다.

보상, 합당한 분배, 대가

부메랑(Boomerang)

다시 돌아온다네
배에 달린 주머니에
너를 다시 넣어서
쓰다듬고 예뻐하니

주변에선
과잉보호
큰일이라네

그게 머 어때서
넌 나의 귀한 자식

너의 고생은 곧
나의 고생

우리 아가
예쁜 아가
나에게로 오렴

욕심

Seven of Pentacles

▶ 그림으로 이해하기 ◀

현재의 상황에 만족하지 못하는 마음으로 있는 것에 만족을 못 하고 자꾸 다른 곳을 보려 한다.

오래 고민하지 말고 웬만하면 왔던 길을 가는게 좋다. 변경해도 큰 이익은 없고 오래 뜸 들이면 키운 상품의 가치가 더 떨어지고 수확 시기도 놓친다. 내가 가진 것은 당연한 것이라 생각하고 부가적인 더 큰 것을 원할 때 나오는 카드

현재에 대한 불만족, 일에 대한 회의감, 급박하거나 절실하지 않음

고민하고 있니

그동안 쌓아온 우리의 노력들은

다 잊었니

너의 욕심은 어디까지니

그만 좀 흔들어 나도 힘드니까

너의 많은 여사친들

그녀들과의 음주 가무

그리 많이 얘기해도

넌 안되는구나

모두 가져간다고

너의 욕심은 어디까지니

집중

Eight of Pentacles

▶ 그림으로 이해하기 ◀

자신이 하는 일에 집중해야할 시기이다. 자신의 일에 집중하면 펜타클의 물질적인 부분을 이룰수 있다.

자신의 기술을 완성해야 할 때이다. 과정이 분주하지만 순서대로 처리하면 된다. 미래를 위해 현재는 조금 희생하고 꾸준한 노력을 해야 성과가 나고 물질도 생기며 성과를 낼 수 있는 카드이다.

타고난 손재주가 있으며 4개의 자격증으로 다재다능하다.
연예를 하면서는 다듬어지고 있는 중이다. 관계에 최선을 다해야 한다.

뚝딱뚝딱
망치소리

손끝에서의 영롱한 예술작품

오늘도 뚝딱뚝딱
내일도 뚝딱뚝딱
집중을 해

끌 망치 모루 받침대
모두 중요해

나는 4개의 자격증의
멋진 사나이

오늘도
내일도
집중을 해야 해

나는 성공할 테야
소중한 내 펜타클을 만들어 내야지

골드미스

Nine of Pentacles

▶ 그림으로 이해하기 ◀

자신의 노력을 통해 누리게 될 현실적 가치로 돈으로 돈을 벌 수있다.
    노란색 옷은 화려하고 여성적을 나타내고 풍요롭다. 자신을 꾸미는데 아끼지 말고 연애만하는 걸 즐기기도 한다. 여유롭고 편안한 삶이며 매우 안정적이다

    왕래를 하지 않는 단절된 생활(울타리), 주말부부, 이혼녀, 솔로

늦은 밤 바(Bar)에서
너를 기다려

오늘은 시원한 바람이 부니
왠지 마음이 더 설레네

나이는 어리면 좋을까
오빠같은 사람도 나쁘진 않지
외모는 핸섬해야겠지
센스 있다면 더 좋아

난 숨기지 않아
나의 여유로움
밀당은 노

나의 울타리로 들어올래
나의 정원은 따뜻하니
포도 넝쿨 아래서
우리 여유로워지자

결혼은 노
연예는 예스

자 오늘을 즐겨
나는 성공한 골드미스

빈 둥지 증후군

Ten of Pentacles

▶ 그림으로 이해하기

빈 둥지를 지키고 있는 것 같은 허전함을 느낄 때 나오는 카드이다.
부모는 뒤에 있다 지나온 것에 대한 회상과 향수가 있고 소외감을 느낀다. 자손들은 펜터클의 가치를 누리며 유산을 받는다. 가족의 화합이 아닌 가족의 해체가 더 많이 나오는 카드이다

들어와도 나가는 게 많을 수 있는 카드이다.

나의 사랑
반려견 해피에게 주는 편지

아이들이 떠나가고 힘들 때
내 곁에 있어준 너에게 감사해

매일 너와의 산책을 통해
함께하고 너를 돌보면서 내가
하고 싶던 한마디
네가 나를 살렸구나

아이들 떠나가고 너무나 우울해서
몇 번이나 나락으로 떨어지려 할 때
매일 함께해 준 네가 있어서
얼마나 큰 힘이 되었는지

내 삶은 끝났다고 생각했는데
아무 가치가 없다고 바닥일 때
너와 함께하며 기적이 일어났어

너를 목욕시키고 밥을 주고
너에게 얘기를 하고
너와 같이 자면서
나는 살아있다는 것을 느꼈으니
해피는 나를 살린 강아지

우리 같이 해피하자
우리 끝까지 함께하자

아프지 말고

Chapter.3

Court cards

코트카드는 인물을 나타내는 카드로

이 카드가 어떤 성향의 인물인지를 파악하는 일은 중요하다.

왕(KING), 왕비(QUEEN), 기사(KNIGHT), 시종(PAGE)으로

이루어진 16장의 카드이다.

코트카드의 계급은 질문자의 성품 성향 성격등을 말한다.

1. 컵(CUPS) 코트카드 : 바다와 물고기

2. 완드(WSNDS) 코트카드 : 도마뱀 살라만드라(Salamandra)와 사막 사자

3. 소드(SWORDS) 코트카드 : 구름 나비 독수리 참나무

4. 펜타클(PENTACLES) 코트카드 : 포도 황소 대지

나르키소스(Narcissus) 사랑받는 사람

Page of Cups

> 그림으로 이해하기

연하남 미소년 미성숙한 파트너일때도 나오는 카드이다. 현실적 준비는 덜 되었지만 사랑이 싹트는 인물을 만난다. 순수한 마음을 가지지만 지속성은 없으니 조심해야 한다.
    오늘의 즐거움이 중요하니 복잡하게 계산하는것을 싫어하고 계약이나 문서는 조력자가 필요하다.

    지원받는 연애, 기쁨을 주는 대상, 사랑받는 대상, 새로운 만남, 창의적 아이디어에 능함, 패션·예술·시·음악 관련 직업 유리, 유람선이나 배 여행 낚시도 좋다.

인턴으로 만난 연하 남
첫인상이 너무 좋아서
난 너에게 끌려

너는 패션리더
사람들을 좋아하고
정이 많으니 인기가 많은 너
사람들의 관심과 사랑을
한 몸에 받지

어린아이 같은 너의 순진함
천진무구 친근함에 매로되니

그래서 일까
가끔 애인을 숨겨놓기도 한다면서

너는 아직은 로맨스에
대한 불안감도 있지만
충분히 낭만적이고
너의 눈빛은 매력적이야

오늘의 즐거움을 위해
돈을 쓰기도하는 기분파이니

때론 멋지고 때론 아기같고
도화(桃花)가 가득한 너를
어찌 사랑하지 않을 수 있겠니

우리 함께 할까 괜찮겠니
너는 사랑받는 자
나르키소스(Narcissus)
미숙하지만 더 아름다운 너

감정을 전달하는 너

knight of cups

> 그림으로 이해하기

컵의 기사는 기사 중 가장 여성적이다. 내면적 정서적 부분이 아직은 성숙되지 않았음을 의미하기도 한다.
연애일 때도 현실적이라기보다는 드라마 같은 연애를 꿈꾼다. 언변이 좋고 이 카드가 나왔다면 청혼을 받는 카드기도 하다. 연인으로써 다정다감하고 부드럽다. 사업에서 나왔다면 제안을 받는 카드.
몽상가, 창의적인 사람, 순수하고 부드럽고 마찰을 일으키지 않으며 주변인들과도 잘 지낸다.
기자, 아나운서, 방송국, 연예인, 모델, 인플루언서 등과 어울린다.

우아하고 천천히
전해지는 좋은 소식

헤르메스의 신발을 신고
컵을 들고 그녀를 만나러

나의 청혼에 기뻐할 그녀
가는 길이 즐거워서
콧노래가 나와

나는 꿈을 현실로
우리의 꿈같던 사랑의
결실을 보러 간다네

우유부단한 나를 이끌어주고
부드럽게 만든 사랑스러운 그녀

그녀를 위해 컵을 높이든다
사랑스러운 그녀를
우아하게 만나러 가자

아직은 마음뿐
우리 이제 시작하자

집착

Queen of cups

> 그림으로 이해하기

맺고 끊임이 부족 남자에게 휘둘리는 모습일 때도 나오는 카드이며 지위는 높고 나이가 많을 때 환경적으로도 좋을 때 나오는 카드이다. 물질적인 것보다는 정신적인 것이 중요 마음이 움직이면 기꺼이 희생한다.
   퀸의 보좌는 육지에 있으므로 실천력이 더욱 강하며 모성애로 상대를 다 받아주고 챙기려한다.
   헌신적인 아내, 마음을 쉽게 열지 못하다(우울증), 풍요와 다산, 임신

학문, 예술, 심리, 상담 교사, 학원 원장, 봉사 관련 직업, 어린이 관련, 물과 관련된 직업이 좋다.

컵의 여왕은 아프로디테의
노여움을 산 프시케
인간 멸망의 상자를 열었다

접근하지 말아야 할 것에 손을 대니
결국 더 많은 문제로 야기되고
그 마음은 더 방어적으로
더 내면으로 폐쇄적이니

상대가 마음을 열어야만
그때 마음을 보여줘

물의 여왕 옷자락이 물에 스며들어
감정이 스포이트처럼 번져가
컵의 여왕은 사랑의 노예가 된다

집착과 동정과 그리고 연민

너무 사랑해서
그녀는 오늘도
집착한다

예민하고 피곤하다

만인의 연인

king Of cups

▶ 그림으로 이해하기 ◀

로맨티시스트로 속 마음은 깊지만 표현은 서툴다. 만인의 연인으로 결혼한 유부남(양다리)일 때 많이 나오는 카드이다. 대리석 왕좌는 권위 권력을 의미하고 마음은 늘 다른 곳에 가 있다.

 이중성, 늘 새로움을 탐하고 붉은 망토는 풍요와 성공을 의미한다. 고귀하고 명예를 중시한다. 모두에게 친절하고 외면적으로는 사랑과 평화가 중요하지만 내면적인 세속적 권력을 중시함으로 절대 손해 보는 사람이 아니다.

 우유부단하고 나쁜 사람으로 보이기 싫어한다.

왕이시여
모든 여인네들에게 친절하시니
저는 어찌해야 할까요

모두의 연인으로 살고 싶으신지
저와의 언약을
반지는 잊으셨는지요

왕좌가 물에 떠 갈팡질팡
붉은 망토의 명예는 어디로

스카티(skathi)를 사랑하던
로맨틱한 당신
아이들을 사랑하던 당신은
어디로 갔나요

당신은 싸움을 좋아하지 않으니
속마음을 보여주세요
불안한 마음도 내게 보여주세요

나도 매일 술이니
내가 마시는 이 술은
슬픔의 술 아픔의 술

늘 새로움을 탐하는 당신
그런 당신을 사랑하는 나

당신은 정녕
만인의 연인인가요

개척자

Page of wands

▶ 그림으로 이해하기 ◀

나이는 어리며 철이 덜 들었다. 피부가 검고 남성적이며 활발하다. 활기찬 연인이니 매일 새로운 연애를 하는 기분. 열정적으로 상대를 가리지 않고 시도하지만 미성숙하다.

교제 중인 사람을 두고 다른 사람을 만나려 할 때도 등장하는 카드이다. 마음이 일정하지 않고 직장에서도 오래 있지 못한다.
운동선수, 생산을 위한 노동, 육체노동을 하는 직업군에 해당

도마뱀
살라 만드라(Salamandra)
모험심이 반짝이며
자유와 욕구를 갈망한다

변화이며
죽음과 부활이다

새로운 일이 곧 생길 거야
언제나 새로운 호기심과
반짝이는 아이디어로
주변 사람들의 즐거움을 만드니

사막의 오아시스를 찾아 떠난다
나는 성장한다

올려다본다
높은 것을 꿈꾼다
호기심을 갖고 탐색하자

오늘도
움직여야 한다

용감한 연인

knight of wands

▶ 그림으로 이해하기 ◀

여행을 좋아하고 실천력이 좋다. 계획적이지 않고 우발적이니 데이트 계획이 자주 바뀌고 자신이 원하는 대로 하려고 한다. 허언을 잘하고 스킨십도 좋아한다.

연애에 있어서는 오래 머물지 못한다. 만나면 즐겁고 좋지만 올인하는 스타일이 아니다. 교역과 해외 이동과 관련된 금전운이 좋다. 여행 이사 이직 좋다
현장감독, 개척자, 운동선수, 생산과 관련된, 노동에 관련된 직업과 어울린다.

전쟁의 신
아레스(Ares)의 투구를 쓰고
열정과 의지에 불타오르네

미지의 세계로의 여행도
주저 않는 너는 용감한 연인
모험을 즐기는 멋있는 연인

하나에 빠지면 못 헤어나는
에너지 넘치는 너

열정만큼 충동적이지만
그게 매력이니 어쩔 수 없지

매일 여행을 꿈꾸는
터프한 남자

그와 함께라면
모든 게 즐거워

슈퍼맘 콤플렉스

Queen of wands

▶ 그림으로 이해하기 ◀

열정적인 어머니. 시간을 중요시하고 자녀들에게 잔소리와 독려를 많이 한다. 자녀를 사랑하나 감정 표현에 서툴다. 그러나 일과 육아는 잘하려 하는 워킹맘이다.

남성적인 이미지에 카리스마가 있고 남자를 리드하는 연애를 한다. 지나친 일 욕심으로 스트레스가 있다. 모든 계약에 참여 상대 카드라면 마지막까지 주의해야 한다. 변덕을 부리니 계약을 파기할 수도 있다. 신용이 있으며 뒷거래는 하지 않는다.
여성 기업가, 보험설계, 어린이 관련 직업, 보육원, 요양병원 등과 어울린다

난 시간 낭비가 싫어
가정도 일도 잘해내야 해

완벽하게 빠르게
왜 넌 빨리 가 안 되는 거니
할 일이 얼마나 많은데
공부할 것도 너무 많아

밤새워서라도 해결해
최고가 되기 위해서는
집중을 해야 한다
너의 열정을 보여줘야 한다

너는 잔소리라 하겠지
시간을 아껴야 해

남들과 똑같이는 얻을 수가 없어
힘을 내라 아들아

대지주

king of Wands

▶ 그림으로 이해하기 ◀

행동으로 리드하며 앞선다 추진력이 좋으나 가끔 남의 말을 무시하는 행동을 할 수 있다.
일적으로는 업무파악을 잘하고 승진과 좋은 성과에 관한 카드이다. 사업을 한다면 성공할 수 있다.

말한것은 지키고 안정적인 자금 부동산과 투자에 돈을 넣고 불린다.
발명가, 정치가, 운동선수, 경영자, 개인사업, 건설업, 임업, 농업 등과 어울린다

광활한 대지에 단비야 내려라
만물들아 자라거라

태양의 왕관 코로나(corona)
태양의 열기로 가득찬다

초록색 신발과 의복으로
나는 안정과 평화를주니

내가 사막을 걸으면
목초지가 피어난다

만물들아
자라거라

나를 믿어라
나의 생명력으로

세상 만물을
모두 일깨워라

미숙한 사랑꾼

page of swords

▶ 그림으로 이해하기 ◀

야심이 있으니 두통과 스트레스가 많고 남을 이용할 수 있다. 서 있는 곳은 높은 곳으로 낙상을 조심해야 하지만 성장하기에는 좋은 곳이다.

연인과의 작은 의견도 맞지 않고 배려심이 없다. 계산적인 관계로 생각한다. 관계는 미숙하고 사랑을 모른다. 면접이나 취업에는 좋은 카드이다. 아이디어가 좋으니 줄을 잘 서면 도움을 받을 수도 있다. 날리는 머리카락 스쳐가는 생각이 많음을 의미한다.

미디어 기자, 게임 플레이어, 여론조사, 시장조사, 첩보 정치군인, 경찰과 어울림

너는 직설적으로 말하길 좋아하지
성급하고 조급하게 매듭지으니
배려심이 필요해

너의 눈빛은 바람을 거슬러
보고 있으니 반항아 이미지는
어쩔 거니

사랑도 모르면서 아는 척
배려하지 못하는 미숙한 사랑꾼

스트레스에 두통은 또 어쩔 거니
그래도 시험을 보기 위해
목표와 꿈을 가지니
도전하는 너의 정신
박수를 보내

사소한 이야기로 싸움과
논쟁이 이어지니
매사에 그냥 넘어가는 것이 없어

너와의 연애는 너무 힘들어
너무 자기중심적이야

넌 스트레스가 너무 많고 예민해
휴식이 필요한 거 알고 있니

너의 미숙한 사랑도
휴식이 필요한 걸 알고 있는 거니

앞으로 나가자

knigh of swords

▶ 그림으로 이해하기 ◀

의리파이고 영웅심이 있는 돈키호테스타일이다. 냉정하고 깔끔한 이미지 신중하지는 못하다. 불의를 참지 못하니 어른들의 눈 밖에 나기도 한다.

　연애에 있어서도 항상 앞서 나간다. 무모하게 관계발전 시킴. 뒤를 돌아보지 않고 돌진하여 의사소통에 문제가 있을 수 있는 사랑

　운송, 승마, 경마, 스포츠인, 검사, 변호사, 법조인, 비평 평론가, 기자 등과 어울림

달린다
검의 말은 앞으로 전진한다

앞 뒤 파악은 나중
일단 나아가야한다

기사의 검은 미숙하지만
용기가 있으니 의리파
대세의 영웅 돈키호테

준비가 되지 않아도
자신감으로 승부한다
앞으로 나가자 뒤로 빼지 않는다
나만 믿고 따르라

여성 CEO

Queen of swords

> 그림으로 이해하기

이혼, 별거 일수 있고 독립적인 성격으로 자기주장이 강하다. 깔끔하고 차거운 이미지. 독신주의, 완벽주의 전문직 여성으로 상대도 전문직인 사람을 원한다.

유능한 전문인 분야에서 인정받기 방해가 되는 것이 있을 땐 칼로써 단절할 수 있음.
강한 어머니로서 청소년기에는 마찰이 있을 수 있다

변호사, 검사, 법조계, 의사, 병원, 군인, 경찰, 비평가가 어울림

여왕이 칼을 뽑았으니
역경을 거슬러 올라가는 강인함
그녀는 이성적인 분

그녀는 비판적 정신과
날카로운 혀를 가졌으니
진정한 여걸이라

나비 왕관을 쓰니 자유로운 생각과
지성이 넘쳐 교육은 그녀에게 맡겨

그녀는 집의 가장이지
그녀에게는 따뜻한 사람이 어울려
상처받은 그녀를 감싸줄 따뜻함

그녀는 맘이 아픈 사람
그녀는 CEO 안되는 일도
강하게 추진하는
그야말로 여걸이지

그녀는 말한다
안되는 건 없어
단지 안 할 뿐이야

어려움과 난관은
극복하라고 있는 거야

독재자

King of swords

▶ 그림으로 이해하기 ◀

상처 주는 연인이나 배우자 독불장군 계산적이고 차갑다 능력이나 배경 중시하고 높은 자존심, 권위와 권력의 욕구, 이성적 냉철함 보라색 망토는 명예를 중시한다는 것을 의미한다.

비스듬한 검은 모든 것을 의심 지식 정보 지혜에 능하다. 두뇌회전 좋음 확고한 소신 독설가 물러섬이 없다. 가부장적이고 책임감이 강해 학업의 결과를 중시한다.

비행사, 공군, 패러글라이딩, 의사, 언론인, 기자, 경찰, 전문직으로 권위 있는 직업과 어울림

우리 아빠는 독재자

무엇이든 맘대로 하네

자기의 생각을 자꾸 강요해

자기 뜻대로만 하려고 해

복종하기만 하면 되는 걸까

성적 때문에 맨날 혼나지

매일매일 공부만 집착해

우린 모두 눈치를 보지

난 예민해 장도 예민하니

오늘도 과민성대장증후군

우리 아빠는 못 말리는 독재자

연애의 시작

page of pentacles

▶ 그림으로 이해하기 ◀

목표를 세우고 꾸준히 노력하는 인물로 연애의 시작이 가능하며 연애를 전제로 결혼 계획을 세우는 인물이나 시종 카드 자체가 미성숙 미완성의 의미이니 연애 상대로 적합하다.

새로운 시작 펜 터클의 시종은 충성스럽고 야심이 있지만 성숙도는 부족하다. 자신의 시선 위에 펜타 글을 두고 펜 터클의 기대 목표 그리고 가치를 높게 받아들인다. 서툴고 미숙하다면 기회를 이용하여라.

그녀가 말하면
세상이 피어나

그녀가 웃으면
꽃이 피어나

그녀만 보면
바보처럼 웃음만 나와

우리 시작해도 될까요
그대에게 꽃길만 선사해주고 싶어

나는 준비가 되진 않았지만
최선을 다해볼 거야

넌 나의 아름다운 꽃송이
우리 오늘부터 일일 할까요?

돌다리도 두드린다

knight of pentacles

▶ 그림으로 이해하기 ◀

변화를 싫어하고 다소 보수적이다. 애정에서라면 현재 두 사람의 관계는 당분간 변화 없다. 사업적인 면에서는 금전적인 면에서 강점을 가지는 카드이다.

새로운 시작 펜 터클의 시종은 충성스럽고 야심이 있지만 성숙도는 부족하다. 자신의 시선 위에 펜타 글을 두고 펜터클의 기대 목표 그리고 가치를 높게 받아들인다. 서툴고 미숙하다면 기회를 이용하여라. 수비하고 대비한다 안정과 신뢰를 중시 보수적이다. 계산적이다 돌다리도 두드리고 간다. 준비가 되어야 움직이는 스타일이다. 갑옷과 말의 색깔의 일치는 언행일치를 의미한다

준비가 되었을 때 움직이자　　침착하게 대비하자
아직은 계획을 세울 때　　　　우리의 미래를 위하여
지금은 투자보다　　　　　　　이제 시작이야
금전을 쥐고 있어야 해

붉은 황토밭은 갈아엎어
씨를 뿌릴 준비를 하자

반복 확인만이 살 길
돌다리도 두드린다

현재의 안정감이 제일 소중해
위험한 건 제일 싫어
견딜 수가 없어

여왕의 금화

Queen of pentacles

▶ 그림으로 이해하기 ◀

물질적 안정을 추구한다 보수적이고 마음이 드는 상대라면 자신의 것을 줄 수 있다.
주변에게 베풀 줄도 안다.

브랜드를 선호하며 외형을 치장할 줄 안다 아이들은 무리를 해서 최고의 것을 주고 싶고 부동산 밑 토지가 많다.
은행원 경리 세무사 가정주부 개인사업과 농원을 해도 어울린다.

장미 넝쿨이 만발한 대지 위의
땅의 어머니

비옥한 대지에 펜타 클을 쥐었으니
누구보다 풍족하다

인플루언서(Influencer)로 입김에
나를 꾸미는 것에도
화려하고 세련되어
사람들은 우러러보지

아이들은 최상으로
좋은 것만 주고 싶으니
고급스럽게 공부해

손에 쥔 것을
불안해하지 말아요

번영과 풍요는 그대 것이니
충분히 즐겨요

그대 오늘 불안한가요
맘을 편히 가져도 돼요

황소고집

king of pentacles

▶ 그림 기 ◀

돈이 많으며 금융권에 있거나 자기 사업을 할 수도 있다. 경험 많은 지도자, 현명한 투자자로 신뢰가 높다. 완고하고 변화를 싫어해 지루한 연애가 될 수 있다.

자신의 의견을 굽히지 않고 고집이 있으며 융통성이 부족한다. 사업에는 좋은 징조일 수 있다. 펜타클 킹이 줄 때는 공짜로 알 면 안된다. 대가가 필요할 수도 있다. 꽃이 있는 왕관은 주변에 여자가 많이 있는 것을 뜻한다(스폰서).

물질세계를 지배 하지만
집에서 곰처럼 잠만 자
운동 부족이야

전구도 못 갈아 끼우고
못 질도 못해
모든 것은 돈으로 무마해

황소고집
주변서 뭐라 해도
절대 안 흔들리니
누가 말리겠어

울창한 포도넝쿨이 반기는 하루
오늘도 집에서 잠을 자고 있어

펜타클 킹이 베풀 때는 조심해
더 큰 이익을 가져가려 해

누가 말리겠어

타로 속 그림이 무서운가요?

타로를 처음 접해보시는 분 들은 신기해 하기도 하시면서 무서운 그림이다 하시는 분들이 있어요.

타로는 게임용 카드에서 부터 출발했어요. 마술의 도구로 시작되지 않았구요 타로 카드 중에는(Death)죽음 이라는 카드도 있는데요 그것은 죽음이라는 개념을 표현하고 있을뿐 죽음을 부르거나 마술을 쓰고 주술을 거는게 아니랍니다.

타로는 가볍게 가볍게 접근하시고 일상에서 다양하게 사용되어지면 좋겠습니다. 타로로는 결론을 내리고 이렇게 될거야! 라는 결론 중심 보다는 내가 어떻게 하고 싶은걸까?에 더 초점을 맞추시고 나온 카드가 내 사건을 결정하는 것이 아니라 그것을 통해 스스로 무엇을 느끼고 어떤 생각이 들고 어떻게 내가 행동하는가에 도움을 받으신다면 좋겠습니다.

타로로는 그때 그때 나의 결정에 도움을 받으셨으면 좋겠습니다.

별따라. 길따라. 인연따라

I love tarot

1. 타로는 마음과 마음을 연결해 주는도구입니다. 상담의 기본은 라포(rapport) 형성입니다.

> 라포(rapport)의 개념
> 라포는 프랑스에서 온 말로 "다리를 놓다"라는 뜻입니다. 모든 인간관계에서 필요한 개념이기도 합니다. 타로는 상담자와 내담자 사이의 연결고리로써 충분한 역할을 합니다.

2. 타로를 하는 동안 스스로 답을 찾아갑니다. 내담자 본인의 문제를 다시 한번 깊이 생각하면서 문제의 본질을 파악하기도 하며 답을 스스로 찾아가는 계기가 되기도 합니다.

3. 속마음까지 얘기할 수 있습니다. 타로를 뽑을 때는 누구나 살짝 긴장하고 놀라기도 하고 화가 날 때도 있으며 때론 안심도 됩니다. 그런 감정의 움직임이 보이게 되면서 감정의 움직임에 따라서 속마음도 편히 얘기할 수 있게 됩니다. 놀라운 타로의 매력과 함께하세요.

타로는 어려워요

1. 일단 타로와 친해지세요. 그림과 숫자 배열 법대로 놓아보거나 1장씩 뽑아보기를 해보세요. 편한 마음으로 만지는 시간을 가져보세요.

2. 카드의 의미는 외우지 말고 머릿속으로 그려보세요. 그날 떠오르는 카드의 의미는 어떤지 그것이 키워드와 맞는지 내가 먼저 그 카드의 의미를 느껴보고 키워드를 봅니다.

3. 뽑는 카드가 아니라고요?
무의식이 발현되어 예측 못하는 카드가 나오기도 합니다. 때로는 정반대의 카드가 나오기도 해요. 그 카드를 왜 뽑았을까 시간이 지나서 이해되기도 한답니다. "오늘 뽑는 카드는 뽑힌 이유가 있다"

Chapter.4
배열법

어떤 배열 법을 혹시 많이 쓰고 계시나요?

배열 법보다 그리고 키워드 보다 중요한 것이 내담자와의 소통이란 것을 기억해 주시면 좋겠습니다. 배열 법의 종류는 이미 수백 가지가 넘는 것이기에 그중 나에게 맞고 내가 잘 느낄 수 있는 타로 배열 법을 사용하면 되겠습니다. 배열 법의 해석에 명확한 정답이 어디 있겠습니까? 의도와 상황을 듣고 그것에 맞게 배열 법을 골라서 사용합니다. 어려운 것보다는 처음에는 쉬운 것부터 도전해 보세요.

타로 배열법

1) 한 장, 세 장 배열 법

한장 혹은 세장을 순서대로 나열하는 방법이지요. 시간 배열이라고 할 수도 있겠습니다. 기본적으로 과거 현재 미래를 상징해요.

2) 선형 배열법

기본 배열 법의 확장형 과거나 미래를 더욱 심도 있게 볼 수 있는 장점이 있다.

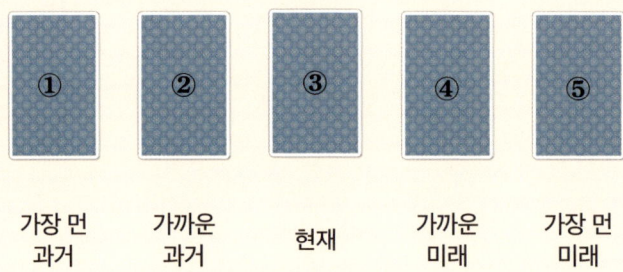

3) 아만다의 부채 배열법

질문에 대한 외부 내부의 영향에 대해 알 수 있다. 켈틱 크로스 배열의 질문자의 주관적 마음과 외부의 관점을 볼 수 있는 카드이다

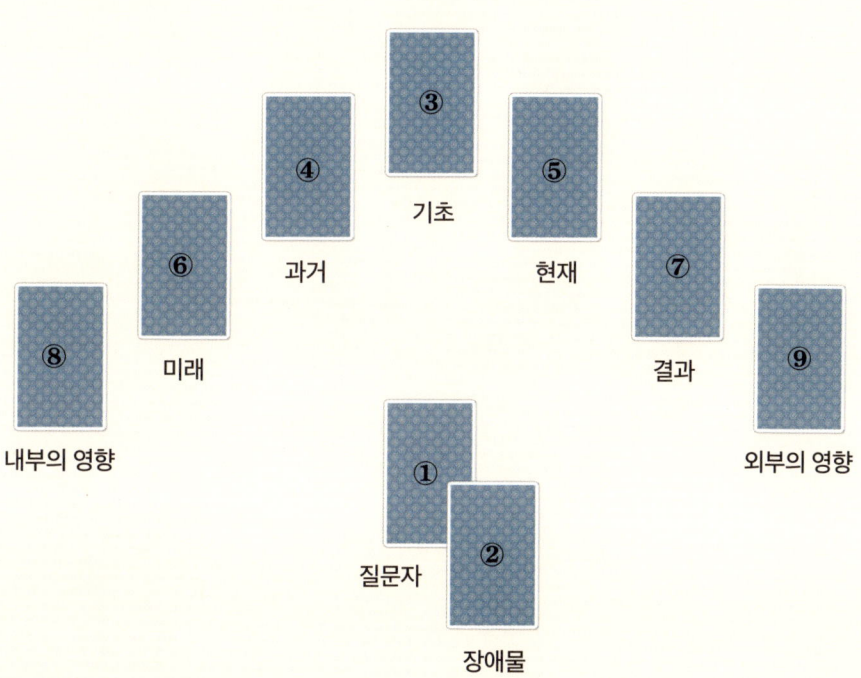

타로 배열법

4) 캘틱 크로스 배열법

고대 켈트 속이 사용했던 점사 법이지요. 초보 타로 리더부터 고급 타로 마스터까지 광범위하게 사용된다. 대부분의 질문에 정확하게 답할 수 있으며 10개의 카드로 각 장에 의미를 부여하면서 해석해요.
자세히 한번 살펴볼까요?

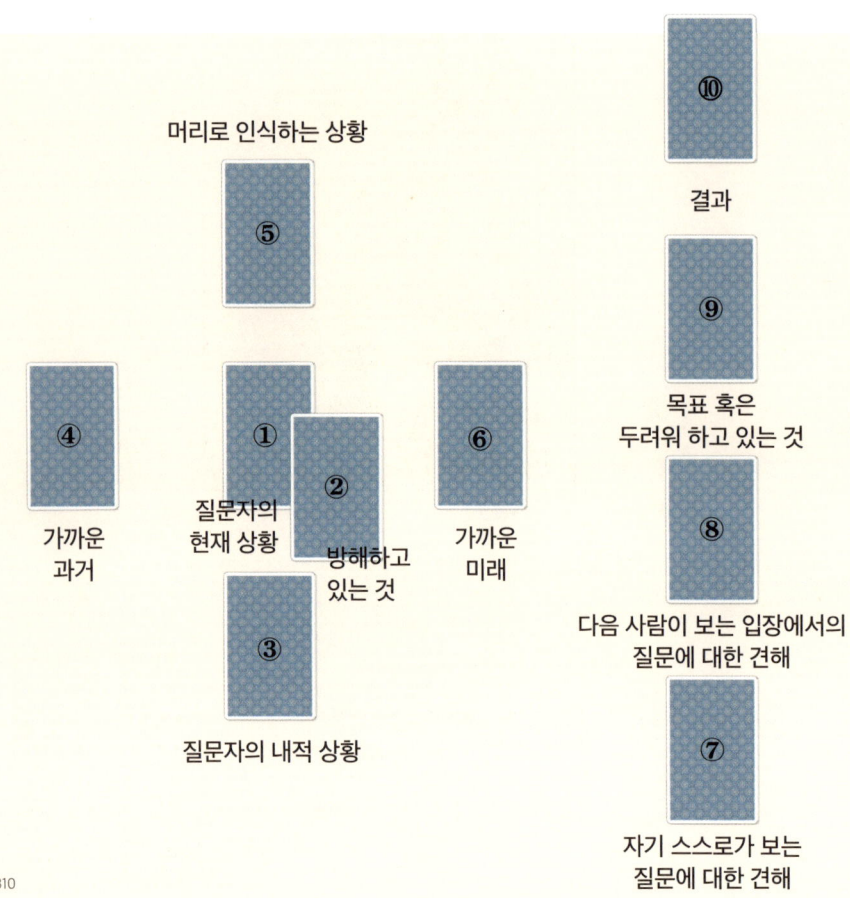

타로 배열법

① 첫 번째 카드: 당사자의 현재 상황

② 두 번째 카드: 첫 번째 카드를 가로지릅니다. 방해 요인 상황을 가로막는 요인으로 봅니다.

③ 세 번째 카드: 질문자의 내적 마음 상황을 엿볼 수 있습니다.

④ 네 번째 카드: 왼쪽에 위치하며 과거 상황을 의미합니다.

⑤ 다섯 번째 카드: 첫 번째 카드 위에 위치합니다. 질문자의 머릿속은 어떠한가를 엿볼 수 있습니다

⑥ 여섯 번째 카드: 미래가 어떻게 흐르게 될지 어떻게 전개될지 볼 수 있습니다.

⑦ 일곱 번째 카드: 오른쪽 밑 하단이며 현재의 문제를 바라보는 질문자의 주관적 마음을 보여줍니다.

⑧ 여덟 번째 카드: 현재의 문제를 바라보는 외부의 마음(관점)입니다.

⑨ 아홉 번째 카드: 세 번째 카드의 무의식과 연결됩니다. 질문자가 가장 두려워하는 부분입니다. 부정적 발생에 대해 생각하는 질문자의 마음이 나타납니다

⑩ 열 번째 카드: 마지막 결론입니다

타로 배열법

5) 차크라 배열법

사람의 내면을 들여다보는 배열 법입니다. 차크라에 대한 이해와 지식이 없으면 보기가 힘든 배열 법이므로 참고하시기를 바라며 자신의 내면세계를 보려고 한다면 대단히 유용한 배열 법일 수 있겠습니다.

⑦ 크라운 차크라 Crown Chakra
영성 영적 에너지. 의식 발전의 독립적 단계

⑥ 브로우 차크라 Brow Chakra
직관 통찰. 지혜 심적인 능력 정신의 성숙

⑤ 트로우트 차크라 Throat Chakra
자신의 표현. 의사 표현 창조력

④ 하트 차크라 Heart Chakra
사랑 자비 용서 고차원적인 의식

③ 솔라 차크라 Solar Chakra
본인 자존 성격 감정 소망

② 세이크럴 차크라 Sacral Chakra
성욕 육체와 관련된 욕망

① 루트 차크라 Root Chakra
자신의 현재 상태 본능 직감

6) 매직 세븐 배열 법

다윗의 별의 형태로 삼각형 두 개로 연결됩니다. 두 삼각형의 중앙에 결과인 일곱 번째 카드가 놓이게 됩니다.

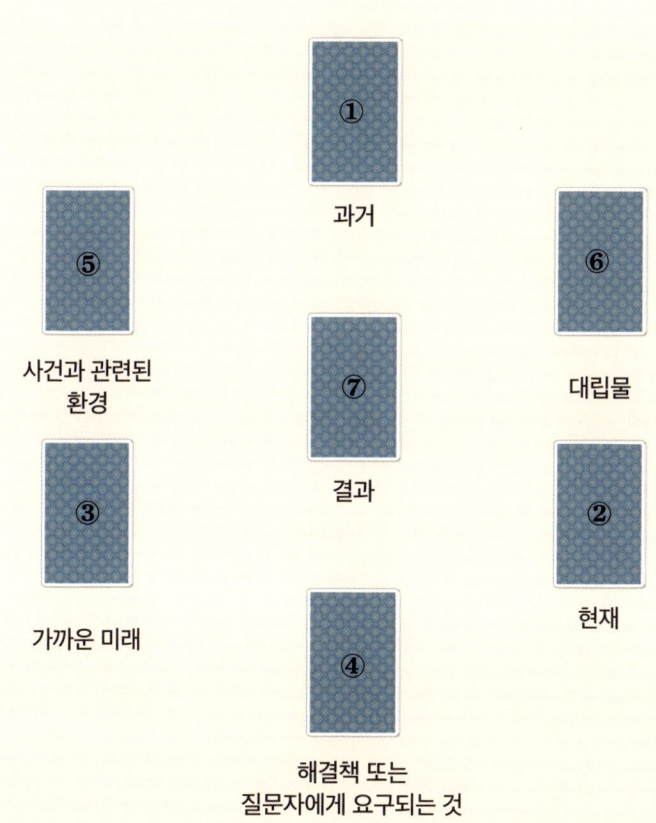

 **에필로그**

　메이저 아르카나의 성장을 통해 마이너의 사건을 나만의 생각과 철학으로 겪으며 현재의 시간으로 돌아왔습니다. 하늘에 별이 아름답게 수놓아 있고 별처녀는 물병을 각 손에 하나씩 쥐고 허리를 숙여 물 웅덩이에 붓고 있습니다.

　우리의 몸과 마음을 정화시키는 아름다운 행위. 순결한 마음과 정신으로 우리는 또 자유로움을 향해 다시 길을 찾아 나섭니다. 의미있고 자유로운 나만의 인생 시나리오를 위해 별 빛을 벗 삼아 힘차게 나아갑니다.

　시간이 지나도 만나고 싶은 사람이 있습니다. 시간이 지나서도 여전히 그 자리에 있어줄 것 같은 사람, 나는 그런 사람이 되고 싶습니다. 그렇게 향기가 나는 사람으로 그대들과 함께 남고 싶습니다.

2023.09

타로마스터 시절인연

시절인연 - 모든 인연에는 시기와 때가 있다
별처럼 빛날 너에게(타로시집)

발행일	2023년 11월 21일
지은이	시현
펴낸이	장길수
펴낸곳	지식과감성#
출판등록	제2012-000081호
주소	서울시 금천구 벚꽃로298 대륭포스트타워6차 1212호
전화	070-4651-3730~4
팩스	070-4651-3730~4
이메일	ksbookup@naver.com
홈페이지	www.knsbookup.com
디자인	유니꼬디자인
ISBN	979-11-392-1448-2(03810)
가격	20,000원

ⓒ 2023. 시현
본 책은 저작자의 지적 재산으로서 무단 전재와 복제를 금합니다.